AF361207

Nobook
Tékhnē

Riccardo Sada

EDM Edit

Guida all'EDM e al mestiere di DJ

A cura di Tatiana Carelli

NOBOOK

Titolo: *EDM Edit*
Collana *Tékhnē*

Prima edizione: maggio 2017

ISBN 9788898591282
©2017 Nobook
Email: info@nobook.it
Indirizzo internet: www.nobook.it
Progetto grafico: Kattelan
www.kattelan.com

*Ogni riferimento a persone esistenti o a fatti realmente accaduti è
puramente casuale. Ringraziamo coloro che segnalano eventuali errori o difformità.*

“EDM Edit” è la ricombinazione dei due volumi di “EDM, E Dio Mixa”.

EDM Edit

IL FENOMENO EDM

"La musica un giorno finirà dove è cominciata: con un uomo che batte su un tamburo".
Duke Ellington

Quella che in molti oggi chiamano EDM ricade sotto il termine generico di musica dance elettronica. L'EDM non è un genere da confondere con il suono big room elettronico dei grandi eventi.

Molti chiamano EDM tutto ciò che è dance semplicemente perché non conoscono la storia della musica da discoteca e i suoi sottogeneri.

Il termine "Electronic Dance Music" è stato utilizzato negli Stati Uniti fin dal 1985, anche se il termine Dance music non vi si sovrappose come termine generale fino al fine degli anni Novanta, quando l'industria musicale degli Stati Uniti creò i caratteri generali del termine dance.

Nel giugno del 1995 la Nervous Records ed il Project X Magazine istituirono la prima cerimonia di premiazione dedicata alla musica dance e chiamata "Electronic Dance Music Awards". In un articolo uscito sul The Guardian, il giornalista Simon Reynolds fa notare che l'adozione da parte dell'industria musicale del termine EDM come forma artistica, fu dovuta ad una enorme operazione internazionale di rebranding della cultura rave che la differenziò dalla precedente scena rave degli anni 'Novanta.

Nel Regno Unito invece dance o dance music sono termini più comunemente utilizzati per riferirsi alla EDM.

Il termine musica dance, pur essendo usato perlopiù come sinonimo di EDM, alcune volte viene usato in modo generico per abbracciare periodi musicali precedenti alla nascita della Musica Dance Elettronica, altre volte invece, nella lingua inglese, viene usato in modo molto ampio, comprendendo tutta la storia della Musica da ballo.

Un discorso diverso vale per quello che viene comunemente incluso nella definizione di club music.

Tale definizione è cambiata molto in passato e continua a cambiare nel tempo, comprendendo così generi molto differenti e non sempre coincidenti con la EDM.

Entrambe le categorie sono comunque vaghe e sempre aperte a nuovi dibattiti e ridefinizioni. Le due definizioni però sono generalmente inscrivibili in due diverse categorie: la club music viene definita da molti in base alla sua natura popolare, mentre la Electronic Dance Music si distingue per particolari attributi e strumenti musicali.

Senza i grandi festival europei, certi dj non sarebbero mai diventati famosi, comunque.

La dance è una musica semplice, priva di fronzoli: nulla a che vedere col rock e col soul, che sono la base della cultura musicale nordamericana.

L'EDM è solo la dance ma riconfezionata per il mercato a stelle e strisce e ha i crismi per essere gestita al meglio: un dj mediocre ce la può sempre fare, un musicista o una cantante mediocri verrebbero smascherati in un attimo. Gli Usa partono dalla metodicità e aprono le porta a chi, a questa, aggiunge anche estro.

INTRODUCING EDM

10 febbraio 2008: i Daft Punk si esibiscono durante gli annuali Grammy

24 luglio 2009: viene pubblicato negli Usa "Sexy Bitch" di David Guetta

Luglio 2011: esce "Scary Monsters and Nice Sprites" di Skrillex e il mondo non è più lo stesso

8 ottobre 2012: "Latch" dei Disclosure traghetta la nuova house verso il pop radiofonico

28 agosto 2015: sugli schermi viene proiettato "We Are Your Friends", il primo film sull'EDM

"Il rock sta morendo e tutti ritornano alle proprie radici. Qualcuno torna al country e qualcuno al blues delle origini. La musica della nuova generazione sarà una sintesi fra questi due elementi e un nuovo fattore, un qualcosa che potrebbe avere molto a che fare con l'elettronica, con i nastri, come un'estensione del sintetizzatore moog, una tastiera con la complessità e la ricchezza di un'intera orchestra. Riesco quasi a vederla:

potrebbe essere una persona sola con un mucchio di macchine nastri e attrezzature elettroniche, che canta o parla e usa questi aggeggi". Jim Morrison dixit.

Aprire con una frase di Jim Morrison? E perché no, si rivelò davvero visionario. Infatti, mentre le consolle dei videogiochi vengono sostituite da quelle per i dj, mentre si entra nell'era delle nuove distrazioni sintetiche in forma di VR (virtual reality) col concetto di realtà personalizzata (vuoi essere un super dj per un giorno o un immenso artista? È possibile!) la realtà da virtuale diventa realtà vera. I brand scelgono quindicenni o sedicenni come testimonial perché è nel loro universo che tutto si confonde e si rimette in discussione.

L'EDM, che in realtà è oggi la musica dance di ieri, e più atto da celebrare che musica in sé, appartiene all'ecosistema in cui tutto si condivide e tutto si distrugge.

Anzi, di più: niente s'inventa, tutto si remixa.

Nel pieno dello "snapchatismo" (. . .), della viralità contro la virilità, dell'isterismo, del consumismo e dell'#amoquestobranomadomaninonloso tutto viene dimenticato con gran velocità. La liquidità è e sarà sempre ancor più liquida, nell'imminente futuro. Segno che questo mestiere, il dj, e questa "cosa" dell'EDM sono ormai arrivati a un punto di importanza tale da divenire realtà indiscutibili e fiorire di possibilità (se non addirittura di professioni). Con regole (da rispettare), con una storia (da rileggere), l'EDM imperversa. ("Danceland")

I tempi cambiano, per fortuna e per sfortuna. Chiamala Musica Dance Elettronica, chiamala EDM, chiamala semplicemente dance: chiamala come ti pare. Quel suono proveniente da laboratori travestiti da studi di registrazione e scandito da ritmi perlopiù in quattro quarti, da groove stradali ed emozionali, è sempre stato associato alla (anti)cultura giovanile, alla chiara distanza dai cliché e dalle mode: lontano da tutto e soprattutto da tutti. Poco patinato, poco rilassato, poco martoriato e sfruttato, il suono della dance originariamente.

I tempi cambiano, però. Grazie o a causa dei disc jockey, l'obiettivo si è spostato focalizzandosi sulle consolle, sul teatro, sulla ludicità, sul puro intrattenimento 2. 0, sulla prostituzione intellettuale (Josè Mourinho docet), a volte sulla farsa. Paradossalmente, l'obiettivo ha perso la bussola quando si è trattato di fare ricerca. In periodo di vacche grasse (per pochi) e magre (per tanti), il carrozzone ha trovato e consacrato il suo eroe: ancora lui, sempre più lui, il disc jockey, mito (…) in veste di tuttofare (autoacquirente, promotore, produttore, suonatore, programmatore, consumatore). Sì è innescato un processo inflattivo a livello creativo, soprattutto dopo che l'America si è interessata al fenomeno vedendolo come un limone e spremendolo; è stata intrapresa una strada. Ma con un certo ritorno al passato. Sono state allestite le catene di montaggio e omaggiate le parti di ricambio, che nulla costano perché aria: bit (social, stem, suoni, troppo software e poco hardware, da perderci la testa). In fondo, è l'atomo che ha un prezzo superiore, un valore sindacabile.

E allora non si tratta di "se" scoppierà bensì "quando" scoppierà, la benedetta e maledetta bolla (che nel globo ha invaso filodiffusioni e webdiffusioni, media pop e nicchie, persino l'universo delle casalinghe di Voghera).

I tempi cambiano, eh sì. I protagonisti sono strainsultati, straodiati, strapazzati e strapagati e sulla via del tramonto. Si attende il Messia che possa rimettere le cose a posto, in questo iperfrequentato tassellino dell'intrattenimento. Se cesserà l'essere umano di inseguire il mito, trovandolo in se stesso, sarà di nuovo primavera anche in inverno.

Totem e tabù. La dance, l'elettronica, il beat danzereccio ma con dovere sintetico, torni a essere una visione e una via di fuga per chi comprende o vorrebbe scoprire cosa c'è dietro, anzi: sotto, nel sottosuolo, nei meandri, in cantina, nell'underground. Lontano dai machismi e meccanismi del lato oscuro della forza, alle regole del pop anteguerra (anteguetta?), della post industria bellica della prima repubblica e delle ormai (troppo?) poche major rimaste (in mano agli A&R delle indipendenti?); lontano dai reality, dai talent show annienta talent scout, lontano dalle marchette e dall'usa-e-getta, dal marketing e dal te-lo-avevo-detto; lontano dai generi del Dio hype che si travestono da pop e dal pop che si barda da genere che va forte tra i target più bassi, più spiccioli. Così lontani e così vicini a chi sta lontano dalla norma, insomma, in questa era buia di precari della creatività musicale.

La figura del dj oggi è ben altra cosa.

Se sino agli anni Novanta l'obiettivo finale era di raggiungere una grande padronanza tecnica realizzando un buon mixato, oggi si parte direttamente da questo e si pianifica, costruisce l'identità del dj stesso. Prima il suono (mix, selezione) era il punto d'arrivo, ora è il punto di partenza dove il valore aggiunto realmente cambia lo stato delle cose, soprattutto a livello economico. C'è ancora in atto una spaccatura ma non si sa per quanto: con i dj di primo pelo, quelli della Prima Repubblica, a volte rosiconi, spesso nostalgici e sempre inorriditi e sorpresi del cambiamento (sarà stata la digitalizzazione?), con i dj agli albori che pensano che sia tutto così semplice; e infine con i dj che non sanno dove posizionarsi ma che fortunatamente parlano poco e fanno tanto. E quando si dice "dj" ovviamente ci si riferisce ai dj produttori, perché è impossibile non avere brani personalizzati da suonare durante i set o da veicolare come contenuti esclusivi attraverso vecchi e nuovi media.

IL DJ PRODUCER

Un dj oggigiorno per essere considerato tale completo se non è anche un produttore. Un moderno dj deve essere capace di produrre, fondare e gestire etichette discografiche, oltre che essere capace di promuovere il proprio lavoro.

Il dj producer è quella figura professionale che conosce il pubblico, sa come si diverte, quali sono i meccanismi ed i modi per riprodurre certi brani in sequenza in modo da creare una playlist perfetta. Proprio per questo è il miglior produttore di musica, in quanto lo fa rivolgendosi direttamente al proprio pubblico.

È interessante quello che disse John 00 Fleming, produttore di musica trance, in relazione ai giovani. "La nuova generazione ha una mentalità molto alla X Factor, i ragazzini s'immaginano protagonisti di una romantica storia, quella di un commesso che qualche mese dopo è una popstar".

Si dovrebbe raccontare una storia, la propria, con un dj set e la propria musica. A un mancato senso per il ritmo, e non solo a questo, viene in soccorso la tecnologia. Certo è importante il risultato finale. Ma chi decide quale debba essere questo risultato? Questo mentre i più giovani sfruttano la tecnologia digitale lavorando in the box, quindi solo con computer e software e vedendo l'hardware fatto di tastiere vintage, outboard e batterie elettroniche come semplici giocattoli o componenti d'arredo.

Con l'avvento dell'hip-hop e più nello specifico della musica rap, la figura del dj è passata man mano da quella di colui che mixava vinili per accompagnare i vocalist e rapper a quello che ha iniziato a mettere le mani su computer, campionatori e strumentazione elettronica.
I dj non sono rockstar, provano a sudare sul palco e a volte ci riescono benissimo ma possono concedersi dei lussi mentre la riproduzione della loro traccia è in corso. Sono al limite del paradosso. Sono perennemente alla ricerca della coreografia, dello show a tutti costi, quando invece questo è il naturale risultato di una live band impegnata sul palco. Ecco il perché della nascita dell'EDM, nuovo scudo dietro a cui molti si riparano oggi.
David Guetta disse che l'album "Listen" sarebbe stato incredibile se suonato live, con una vera band. Aveva capito tutto, aveva capito che il dj set sarebbe divenuto un dj show. "Che non è proprio quello che vorrei fare, il mettere su una band. In fondo sono un dj e come tale penso, vivo e suono; molte persone sono meglio di me quando si tratta di esibirsi con un gruppo dal vivo. Non voglio entrare in competizione con i gruppi rock, che sono incredibili. Tuttavia, posso avere una nuova visione dei fatti in merito alla mia musica".
Anche in questo caos, il dj parte dal suono e crea un impatto visivo e un perché, l'esatto contrario di una band. Niente male questa ventata di nuovo in un periodo in cui la discografia, in piena e profonda crisi,

necessita di persone dal ruolo innovativo.

È tempo di tornare a credere a quello che si ama davvero. Di guardarsi tanto dentro e poco fuori. Di fidarsi molto delle proprie orecchie e meno degli occhi. È tempo di affondare le mani nelle proprie radici musicali, per chi le ha. L'EDM oggi è il dj show.

EDM vs DJ

Studiato, protetto, incensato da azioni che vedi memorabili, il dj assurge a Dio. God is a dj. È il tao della mente: destra o sinistra, caldo o freddo, sporco o pulito, nero o bianco e underground o EDM da festival. Il dj che piaceva a pochi ora taglia a metà la critica.
È possibile oggi parlare male di un dj? No, dicono i perbenisti e perbuonisti, che sono una via di mezzo tra i perbenisti e i buonisti. E parlarne bene? No, sennò spuntano i bastian contrari e gli haters (si passi la esse del plurale in italiano, sennò suona davvero male). Esseri umani sopravvalutati oppure no, i dj sono come i calciatori e i politici: sono indiscutibili e appena ne scrivi salta fuori il risolutore, l'ultras, l'integralista, lo spacciatore della verità a prenderti per l'orecchio. Dietro lo striscione, la fazione. Che ha consacrato il movimento intero. Sono in molti ad aver perso il contatto con la realtà e a prendersi (troppo) sul serio: a credere a quello che dicono gli altri (dei dj) si rischia grosso. Ci sono nomi che la gente spaccia per miti, amici e conoscenti. Quel dj, quello nella mente dell'immaginario collettivo, è diventato un feticcio di quella parte infighettata della

neosinistra (o magari della destra o di altro) che si mostra paladina di un credo (spesso culturale). Tutelando un feticcio, il pubblico, i fan in realtà esaltano una persona della quale non si può parlare se non, per forza, con termini dopanti come straordinario, irresistibile, irrefrenabile. Il dj grazie o per colpa dell'EDM e dell'intero carrozzone è diventato un dogma, un luogo comune, un vessillo. Il dj difeso a spada tratta è travolgente: ma per gli altri. Non per sé. E diventa un cliché negli occhi altrui. Tutti rimangono sempre soddisfatti e rassicurati dall'intervento, dalla parola, dalle gesta, dalla postura, dalla prestazione del guru della consolle, anche quando smette i panni da supereroe. Il primo vagito del dj preferito è per forza storico; al secondo tentativo il genio puro diventa leggermente più opaco, come entrato nella catena di montaggio del mainstream (ma se è underground è cool, è trendy ancor di più).

Da un punto di vista fenomenologico-religioso il termine EDM, ma anche dj, dance, elettronica, è collegato alla nozione di sacro intrattenimento. La consolle come altare, il canto gregoriano rimpiazzato dal drop, i fedeli in prima linea, l'inizio della preghiera, il soffermarsi sulla sacralità dell'atto e l'andate in pace perché il tempio ha bisogno di una ramazzatina.
"È la percezione di un "totalmente altro" ciò che ha come conseguenza un'esperienza del sacro che a sua volta dà luogo a un comportamento sui generis ". Questa esperienza, non riconducibile ad altre, caratterizza il clubgoer religiosus dalle diverse culture musicali storiche dell'umanità. In tale prospettiva, ogni religione a base di groove è inseparabile dal clubgoer religiosus.
La religione sonora elabora una spiegazione del destino umano e conduce a un comportamento che attraverso miti, riti e simboli attualizza l'esperienza del sacro,

parafrasando Julien Ries: "Le origini, le religioni", Jaca Book, 1992, pagg. 7-23.

Accade negli studi di registrazione, luogo in cui si prepara omelia e pulpito, e si consacra davanti al popolo. È l'area semantica dell'intrattenimento moderno: "Le concezioni religiose si esprimono in simboli, in miti, in forme rituali e rappresentazioni artistiche che formano sistemi generali di orientamento del pensiero e di spiegazione del mondo, di valori ideali e di modelli di riferimento. "
(Enrico Comba. Antropologia delle religioni. Un'introduzione. Bari, Laterza, 2008, pag. 3)

Sono nati generi come il dubstep e l'electro big room prima che il movimento EDM, la cui maggior parte delle canzoni sembra conformarsi a una certa tecnica, e nonostante molti artisti cerchino di evitare stereotipi musicali, l'accesso, la fruibilità e la portabilità di laptop e relativi software ha permesso a molti di credere di poter accedere al mondo sempre più dorato della nuova musica elettronica: quindi all'EDM stessa. Band tradizionali sono state sostituite dai dj causa la intuibilità delle strumentazioni come Lunchpad, cd player, mixer e quanto altro più facile e diretto da utilizzare rispetto agli strumenti tradizionali.

Veloce, sincronizzata, vivace e spensierata, l'EDM ha coltivato, svezzato, cresciuto e accompagnato ai festival, ai grandi appuntamenti i giovanissimi poi diventati giovani, gli infanti diventati adolescenti poi. Tutti al dj show dimenticando il dj set: tutti nell'EDM dimenticando che la musica dance esisteva già.
A pari passo della popolarità del suono e delle produzioni è arrivata la crescita dello spessore dei festival con

le loro inattese affluenze. Una persona, il dj, sul palco, a celebrare un rito, e una folla infinita di persone a muoversi, a festeggiare come se non ci fosse un domani. La festa è andata oltre la discoteca: è un movimento culturale. Cosa resta? Cosa resta di un articolo, pubblicato in rete ma magari anche su carta. Cosa resta di un dipinto rinchiuso in una galleria per snob? Cosa resta di un brano messo in vendita online ma magari pubblicato anche su vinile? Cosa resta di bit trasformati in atomi e atomi memorizzati in bit? Cosa resta di un'idea se fa solo capolino in un cervello e non viene condivisa? Perché? Perché un'iniziativa viene ricordata e un'altra no? Chi preserva le cose? Chi dà a queste un valore? Chi diffonde la coscienza? Chi controlla il controllore che supervisiona l'etica? Eredità. Chi decide cosa deve restare nella memoria e cosa no? Cosa resta e soprattutto cosa scompare? Soprattutto, cosa resterà dell'EDM?

Idolatrati dai promoter e dai proprietari dei locali, i dj sono oggi delle vere star, dei veri artisti. Mentre il pubblico sciama, emigra, trascende di set in set, di evento in evento, il fenomeno della musica dance, dell'EDM, del djing, del clubbling e di tutto quello che è elettronico non si ferma. Anzi, deflagra, dilaga, groove e fuochi d'artificio, coriandoli e champagne. La versione circense del ballo di una volta ma con grinta, groove e marketing in più. Chi è il dj, oggi? Un burattino strapagato, straviziato, straimpiegato dal sistema, che programma anticipatamente playlist e motiva la gente che ha dinnanzi. Siamo al paradosso. I grandi eventi attirano grandi flussi di persone con musica in linea, in target, consona al gusto dei presenti. Perché non si rischia più niente, in certi ambiti. Il dj oggi vuole infilarsi lì, in mezzo ai colleghi più rispettati, credibili, spesso raffigurati sui cartelloni che tappezzano città come Las Vegas o isole come Ibiza. Sfidando ogni pretesto e realtà, cedendo alla musica che più va di moda e non a quella che vorrebbe realmente suonare. Le abilità tecniche migliorano col trascorrere del tempo ed emerge un'esigenza: quella di personalizzare sempre più il proprio suono.

L'industria musicale macina parecchi soldi attorno ad appuntamenti ideati a tavolino e attorno alla mercificazione del suono, ridotto a prodotto radiofonico, di largo consumo, appetibile alle masse. Chi merita di stare in alto, in questo ambiente? Chi muove i fili? Chi realmente fa qualcosa e non compra a scatola chiusa? Il potere di comunicare alla propria audience fa ancora la differenza. I dj sono artisti e gli artisti, se sono davvero tali, sono sempre in crescita, in cambiamento, in continua evoluzione.

IL DJ SHOW

Il dj set è diventato un dj show. A parte la bordate di hit, inedite o remixate dagli stessi dj produttori, che fanno scatenare i presenti, quello che maggiormente colpisce tutti oggi è il look, i visual, la scenografia avveniristica ed essenziale. Il dj set è diventato un dj show. Un vero dj show, come esige lo standard oggi nel settore dei festival e delle serate legate alla musica dance, o EDM che si dica, è d'obbligo. La musica deve essere coerente e resta una colonna sonora di uno spettacolo. Mega ledwall trascinano il pubblico in una costante clip, in un videogioco, alla caccia continua di selfie, di immagini perfette da condividere in social network come Instagram o Youtube. Se i video hanno ucciso le stelle della radio, come cantavano i Buggles in "Video Killed the Radio Star", in questo caso le immagini sono totalmente protagoniste e mettono in secondo piano il suono.

Diventare disc jockey e magari sentirsi sommersi dagli applausi, girare il mondo, realizzare un brano. Un sogno nostro. Una volta i desideri inespressi erano quelli di divenire astronauti, calciatori o al limite rockstar. Ora è diverso. Con l'avvento delle tecnologie più evolute, tutto è cambiato. Niente astronavi. I piedi sono ben piantati a terra e le orecchie sono avvolte da enormi cuffioni: in modo da sentirsi già disc jockey, dj in gergo, in slang. Esistono già i miti, italiani e non, Albertino, Vannelli, Coccoluto, Benassi, Picotto, all'estero Pete Tong, Carl Cox, Sven Vath e altri ancora. C'è solo l'imbarazzo della scelta. E scoppia la voglia di divenire re della consolle. La prassi è sempre la stessa. La parola d'ordine: gavetta. Lo assicurano i Grandi del mixer. C'è chi ha iniziato "portando la valigetta all'amico", chi trovava solo il tempo di "suonare" soltanto a "serata già conclusa", chi ha fatto il suo primo disco e ora è lì che non sa più dove metterli. Per tutti, comunque, occorre solo "tanto buon allenamento", senza scordare "tanta creatività". Molta pratica, quindi. E la teoria? A scuola, ovvio. Scuola di vita, di strada, che in questo caso è la notte, maestra, che tutto insegna. Soprattutto a essere disinibiti e privi di preconcetti. Liberi di fare, creare, suonare ed essere protagonisti.

EDM: per conoscerla meglio basta sintonizzarsi sui network radiofonici, o meglio ancora, andare in discoteca, frequentare jeanserie, fare zapping televisivo a tarda ora, filodiffusione di fast food o negozi per disc jockey, oppure partecipare a un rave. Senza dubbio è il ritmo del futuro: è udibile il suo soul, la sua anima, il suo groove; cambiamento, evoluzione e fuga, musica imprevedibile e imprendibile. Sempre nuova e paradossalmente già vecchia, come la società dei consumi vuole, la dance, minorenne (per età) ma non minorata (spesso dai media), non è certo seconda a nessuno: sono occorsi molti anni per vedere nascere da quel grezzo ed essenziale nucleo sonoro svariati pianeti e satelliti. Ma la ramificazione è ancora in corso ed è dovuta proprio alla sperimentazione, alla voglia di osare e di associare sempre più la tecnologia con tentativo invano dell'uomo alla ricerca del Nuovo. E la dance music è il nuovo, una sorpresa continua ma senza etichetta, senza marchio, libera e in contrapposizione con l'aspetto commerciale che le permette di sopravvivere e quello che le consente di restare viva nel sottobosco, nel mercato alternativo. Perché è facile passare da un curato progetto di una multinazionale, destinato al trionfo per svariati motivi, a un disco promozionale, cioè una white-label, che resterà quello che è, oppure a un acetato o un cd-r, copia unica di un disco prova, test che dà modo al produttore di appunto "testare" durante le performance notturne quello che ha realizzato nello studio di registrazione magari anche ore prima. Ciò nonostante, la dance e la house restano realtà homemade, fatte in casa.

Make-up perfetto per il Duemila, anzi, per il Terzo Millennio inoltrato. Chi non è stato al gioco, inizialmente Julio Iglesias ad esempio, ma anche molti altri, è stato impietosamente campionato, brutalmente plagiato: la sua immagine, la sua voce è stata trafugata a pro di qualche produttore certamente arricchitosi senza scrupoli. A sua insaputa, è accaduto anche al Santo Padre. Negli ultimi anni pure personaggi come U2, Lenny Kravitz, Smashing Pumpkins e David Bowie hanno optato per un sound che respira e aspira al futuro: la band irlandese ha seguito la linea che l'ha condotta verso la trip hop, il drum'n'bass, la techno e la house; così ha fatto acnhe il Duca Bianco. La marcia in più.

Il club è il luogo per il test: se non funziona lì, allora il progetto è un (probabile) flop. E se muore lì, nel club, nessuno se ne accorge. Cultura, radici intercontinentali e multirazziali: la dance va rispettata. Radici da ricercare nell'Europa di un paio di decenni fa, quando i maghi della techno prima maniera, come Karl Heinz Stockhausen, Kraftwerk, Tangerine Dream, Cabaret Voltaire, Jean Michel Jarre e altri sperimentavano e ideavano suoni grezzi, duri, sintetici, filtrati e compressi, provenienti dai primi rudimentali sintetizzatori analogici, come quelli di Robert Moog, che molto più avanti influenzano artisti come Human League, Heaven 17, Yazoo, Depeche Mode, Yello.

Inizialmente la scena era tutta tedesca e influenzata dalla psichedelia di Timothy Leary. Radici da ricercare nel reggae giamaicano fatto di sound system, revisioni sonore, imprinting dub, ricerca del feticcio in vinile, modus e mood, vibe e spensieratezza. Radici da ricercare anche negli Stati Uniti, quando, nell'81, a Chicago, la città più statunitense degli Stati Uniti, soprannominata Windy City per il suo forte e sempre presente vento, negli anni Trenta famosa solo per Al Capone, alcuni disc jockey di diverse radio pensarono bene di sviluppare la discomusic degli anni Settanta per dare vita a un nuovo movimento e a uno stile musicale, inizialmente senza nome, ma con una timbrica particolare. Giocando con i primi campionatori e sperimentando in prima persona strumentazioni all'avanguardia, nacque House Sound of Chicago, più tardi di qualche anno diviso in deep e garage. La Disco realmente in un'evidente fase di stanca.

È proprio la tecnologia, che tutto avvolge e tutto stravolge, a indicare la strada maestra. A differenza della techno teutonica, la house non rimane orfana di alcun genitore, anzi, risulta la creatura concepita fondamentalmente dal dj, precursore delle mode e che conosce gli sviluppi della musica e ha numerosi contatti, oltre a un infallibile intuito. Suoni che vengono guidati, incanalati in ritmiche incalzanti e ricche di una forza davvero incontenibile ed incontrollabile. Suoni stritolati, stravolti dalle innovazioni. Ma se la creatura, la house appunto, non è ancora tale bensì in fase embrionale, in procinto di essere creata e poi cresciuta, ha già un'anima, il suono, ed un cuore che batte forte, il groove, è giusto trovargli almeno un genitore. Detto, fatto: il disc jockey, uno che è sempre stato un buon precursore delle mode, un ottimo conoscitore di brani, uno che sa di preciso cosa vuole la gente quando si trova sulla pista da ballo, che conosce gli sviluppi della musica, che ha contatti con tutti, che solitamente ha poi, in gergo, un "buon orecchio" e che quindi risulta il miglior intenditore e tramite per la produzione e la vendita della musica destinata ai dancefloor. Nel mondo della dance il disc jockey è produttore, è compositore, è musicista, è discografico, è editore, è promotore e recensore del suo stesso brano che quasi rischia di riacquistare in una comune rivendita, almeno se non sta attento all'offerta e soprattutto all'etichetta.

Qui sta il suo limite ma pure la bellezza del gioco delle realizzazioni destinate all'uso esclusivo in discoteca. Che, proprio per l'interesse che si crea in questo settore, vengono consacrate grazie a un determinante mezzo di comunicazione: la radio. Pertanto, il disc jockey è santificato. Idolatrato. È mito perché mitizzato.

Il disc jockey è leader incontrastato, totem del Domani, e ciò che tocca se non viene trasformato in oro diventa comunque sacralità pura, oggetto venerato, culto. Il disc jockey sta dietro a tutto e sta su tutto. Deejay sono stati Jovanotti e Vasco Rossi, il primo vero precursore delle mode dei club e il secondo, ai tempi, in radio, indaffarato nel… "mixare" senza variatore di velocità e senza mixer, quasi come un selecta. Un'impresa in tutti i sensi. I dj hanno messo su imprese, come quella del Dmc, il Disco Mix Club presieduto da Tony Prince, ex dj in Radio Luxemburg, e dalla moglie Christine. Disc jockey. Tutto gira attorno a loro. Loro stanno nel mezzo, come piatti illuminati da una strobo. Gli anni Cinquanta con il mito di Lupo Solitario, dj immortalato da American Graffiti, sono nel dimenticatoio.

Passando dalle storie italiche, gli anni Sessanta di Bandiera Gialla e Alto Gradimento del nostro Enzo Arbore e Gianni Boncompagni. Il disc jockey si è fatto in tre: quello discotecaro, quello radiofonico e infine quello discografico.

A metà degli anni Ottanta nasce la FIDJAS, Federazione Italiana Disc Jockey Animatori e Speaker. Ma l'AID imperversa.

E proprio nella produzione discografica si inserisce la terza "deejaylosofia". Quella del Disco Mix Club, nato in Inghilterra vent'anni fa. Anche qui, videocorsi in cassetta. Obiettivo: formare i disc jockey che lavoreranno con i musicisti costruendo le basi per le loro creazioni. Anzi, sempre più spesso è proprio il dj a trasformarsi in artista, come è avvenuto per Fatboy Slim. Così succede persino che il dj diventi una star. Come in un video dei Beastie Boys, i campioni americani di rock e rap. Un gioco da ragazzi, il djing, che oggi sfocia nell'EDM.

DALLA BAND AL BRAND

Niente si inventa, tutto si remixa.

Il mondo dei grandi brand e oggi anche della tivù generalista è molto interessato ai dj. Molti nomi stanno per essere catapultati nel pop, cambiando faccia, aspettative e orizzonti all'intera categoria. Il clubbing è il movimento che detta legge. Che consacra un artista. Sino a portarlo a un bivio.

Il marketing ricopre un ruolo fondamentale per raccogliere successo nella musica. L'hype, il buzz, dopano un dj e un suo successo e il (web) marketing è determinante più per il consolidamento che per il suo sviluppo. "Converse Rubber Tracks": si chiamano così gli studi di registrazione che Converse ha aperto nel 2015 a New York, in quella che è ormai unanimemente considerata la patria degli hipster, ovvero il quartiere di Williamsburg a Brooklyn. Una superficie di 480 metri quadrati, precedentemente occupati da una lavanderia a secco, gratuitamente a disposizione di dj e band emergenti. Geoff Cottrill, responsabile marketing di Converse, ideatore del progetto, garantisce che gli artisti conserveranno la proprietà dei master e dei diritti editoriali sulle canzoni realizzati in loco, che i brani prodotti non saranno usati in campagne pubblicitarie e che non ci sarà nessun condizionamento da parte dell'azienda. Non è il primo caso in cui grandi brand mettono le proprie risorse a disposizione di chi vuole realizzare qualcosa nel mondo della musica. Starbucks ha lanciato nel contempo la sua etichetta, stesso discorso per brandi di bevande come Red Bull (i cui seminari sono approdati anche in Italia) e Mountain View.

In Italia? Nessuno vuole diventare un David Guetta ma tutti vogliono esserlo: ora David, ma non solo lui, anche deadmau5, Avicii, Tiësto, Daft Punk e compagnia di superstar, rischiano grosso. Dovrebbero salutare il vecchio concetto dei vecchi dj ed entrare a pieno regime in quello popolare. Quando un dj è una piccola industria, deve fare delle cose da… industria. Guetta e soci sono coinvolti in una fase di piena espansione per l'intera categoria. Adesso i riflettori sono puntati su coloro che con un mix (di brani altrui) conquistano il mondo.

Intanto, società di promozione come Rising Digital e Three Six Zero Group, agenzie fotografiche specializzate in clubbing come Rukes, sistemi sonori di alto profilo come la Sonos, brand specializzati in design come Rabbit Hole sono nella sua ampia orbita. L'universo di deadmau5 è infinito. Sono quattro i marchi potenti che scegliendolo come testimonial per lungo tempo lo hanno eletto re assoluto del clubbing moderno: Nokia (Lumia) e i suoi cellulari, Sol Republic (con le cuffie trendy), Playstation (con le consolle) e infine Puma con una brandizzazione degna di una popstar (linee appositamente create dall'artista e negli shop online).

Dj da 100 euro e dj da 100mila euro: dj nessuno o dj Dio. Oggi c'è il dj che tira le torte e va in canotto (Steve Aoki) e il dj che sale spesso "mascarato" e a volte mascherato (la lista è lunga), il dj con la maglietta "collo a v" o il rockettaro e scapigliato. Tutti accomunati da una musica pressoché uniforme e uniformata dalla "democrazia" del digitale. E l'odierna immagine della consolle? Uno, due, tre cd player e con quale mixer? Con un laptop e un controller? Sembrano davvero morti gli standard, dopo la scomparsa di dischi in vinile e giradischi. Guetta, ma non solo lui, anche i "sotto osservazione" da Forbes, smettano di fare i dj e facciano soprattutto i creativi: (tras)portino il suono dallo studio allo stage. Hanno risorse economiche e logistiche per farlo, ora. Il vecchio cliché del dj esiste e resiste nella sua nicchia.

LUSSO, BENEFIT E BENESSERE

Nell'immaginario collettivo il dj ha avuto una sua impensabile evoluzione-involuzione. È sempre stato colui che metteva i dischi cercando di mixare i brani portandoli alla stessa velocità: è finito per diventare una sorta di produttore-intrattenitore, "personalizzatore" di suoni. Il manipolatore del nuovo millennio, una popstar.

Foto, selfie e persino wealfy, che è il termine coniato dalla fusione di selfie e wealthy. Autoscatti sfarzosi nelle situazioni più incredibili e assurde. La tendenza è quella di assumere dei social media manager, altrimenti detti specialisti dell'utilizzo di Facebook, Instagram e similari, per monitare le gesta degli artisti, spesso impegnati a fare altro.

Il dj credibile è la star della nuova era. Lo si nota anche dai benefit a lui riservati o più semplicemente al raider, scheda che sintetizza le esigenze tecniche relative alla strumentazione necessaria per un set.

Andare a prendere in aeroporto un dj, dargli un hotel e una cena adeguata, senza contare una strumentazione tecnica di alto profilo, prima era suggerito e ora è tassativo. I booking manager sono coscienti che non esistono artisti difficili e artisti facili da gestire o da accontentare.

Le richieste sono sempre più bizzarre: asciugamani (lindi), servizio d'ordine (all'altezza del guest), camerini allestiti in un certo modo, bodyguard (Tiësto ne vuole sempre almeno uno che lo segue e uno che lo precede), disparate bevande (acque provenienti dalla Groenlandia), cesti di frutta (purché esotica), transportation con van blindati (e dai finestrini oscurati). I capricci delle rockstar sono dietro l'angolo.

Cachet elevati, date occupate per anni, che sarà mai qualche richiesta in più? Il resto è etica.

Il resto sono regole non scritte: come quella che vieta al dj resident di suonare produzioni e remix del dj ospitato durante la stessa serata.

Sono i festival più importanti del mondo a ospitare i dj più capricciosi in circolazione: da Fatboy Slim a Calvin Harris, da deadmau5 a Martin Garrix passando per Tiësto sino al professionista delle richieste Steve Aoki.

Non sono certo leggende metropolitane quelle che vedono Guetta richiedere un divano a forma di labbra, coreografia e scenografica made in Ibiza Girls, un'esibizione di robot Kryoman, macchina spara paillettes, oppure i Pendulum divorare formaggi di alto livello, o ancora Chuckie bersi dello champagne Ace of Spades. E se Calvin Harris preferisce quattro asciugamani neri, Dragan Roganović aka Dirty South specifica che il cotone di questi deve essere assolutamente manufatto in Egitto.

Lo facevano i Led Zeppelin e oggi lo fanno i dj. Volare e possedere un jet privato non è da tutti ma in un inesorabile processo di marketing e di valore aggiunto oggi il dj che appare nelle graduatorie di Forbes non può non permettersi di volare su velivoli costumizzati e brandizzati ad hoc.

GHOST PRODUCER

Vengono impiegati da case discografiche, editori musicali e soprattutto top dj. Sono i ghost producer, sulla bocca di tutti dalla nascita dell'EDM. In italiano "produttore in ombra", o letteralmente "fantasma", quasi. . . "assente" (dalla scena), il ghost producer è un professionista retribuito per realizzare brani musicali ufficialmente attribuiti a una terza parte.

Assunti in molti casi da celebrità, figure pubbliche che non trovano tempo, preparazione o abilità in fase di produzione, i ghost producer come piccoli nerd salgono alla ribalta nel mondo della discografia. Speranzosi a volte che qualcosa cambi all'orizzonte. Il ghost producer è un orso rinchiuso tra quattro mura a cui vengono commissionati lavori, un topo da studio e, se vogliamo restare in tema di animali, un pappagallo ai lavori forzati, impegnato a replicare un suono ben preciso che caratterizza lo stile del cliente. Se molte celebrità e leader politici assumono spesso ghostwriter per redarre biografie, articoli, discorsi o altro, anche nel settore della musica da discoteca si è diffusa da qualche anno questa fondamentale figura. Il ghost producer, su suggerimento di chi commissiona un lavoro, realizza ad hoc la produzione mantenendosi il più possibile vicino all'unicità del gusto e della linea del dj. Raramente è assunto per riordinare del materiale o completare un brano, solitamente lo imbastisce da zero e lo ultima insieme a colui che necessita della lavorazione. Spesso questo diventa produttore o artista a tutti gli effetti per l'etichetta del proprio amico e/o cliente. Come dire: Sei bravo? Entri in squadra con me ma sono io il presidente. In fondo, anche lo stesso Martin Garrix ha ammesso che prima della sua "Animals" si è fatto le ossa producendo per la Spinnin' (se poi i brani dei vari Sidney Samson, Sandro Silva, Quintino e Carnage & Borgore si assomigliano, ognuno tragga le proprie considerazioni).

STORIA E RAMIFICAZIONE DEI GENERI

Elio Fiorucci, prima di morire, disse: "I dj? Non si dovrebbero più chiamare così bensì sound designer. Oggi la varietà dei suoni è incredibile e loro sono abili nel passare da una realtà all'altra". Dei vestiti per loro? "No, il vestire è la scrittura del proprio stato d'animo. Le cose che piacevano a me alla fine piacevano anche agli altri". La discoteca Plastic? "Sono sempre stato un fan di Nicola Guiducci e di Lucio. È stata la prima cummunity, anticipò Internet. Un luogo magico. Warhol e Harring li portavo lì".

In discoteca sale la febbre

Tempo di discomusic. Una vera e propria rivoluzione, un clamoroso fiume in piena, capace di travolgere ogni cosa, di produrre modificazioni tali da cambiare in maniera radicale l'intero scenario della musica popolare.

La moda, quella che coinvolse milioni di persone in tutto il mondo, fu scatenata nel '77 dal film "La Febbre del Sabato Sera", lontano mille miglia dalla cultura afro-americana ma fedele nel narrare i fatti della clublife e della nitelife. Un fenomeno che arriva da lontano, dall'inizio degli anni Settanta, dopo una generale crisi della musica nera, con la fine della forza propulsiva della soul music degli anni Sessanta e di quella del movimento per i diritti civili. All'epoca il mondo della musica popolare era rigorosamente diviso in due: rivoluzioni contemporanee e divergenti, la Disco e il punk, vera e propria reazione bianca alla regola del progressive degli anni Settanta.

Ma la prima discomusic ha un impatto nella musica pop in generale davvero sensazionale. Tutto ha inizio, ancora una volta, dall'Africa: l'artista camerunense Manu Dibango, con un brano assolutamente travolgente, "Soul Makossa", porta nel '73 all'attenzione del pubblico mondiale una musica ritmata e ballabile. Con il soul in fase di stanca, il funk alla ricerca di una chiave di volta e il rock intellettuale vacillante, le discoteche trovano terreno fertile. Nuova generazione, teatro principale di tendenze, incrocio di culture differenti, gay e multirazzialità, il clubbing si formò a Fire Island e a Manhattan, in locali come il Loft e il 10th Floor, o a Filadelfia dove Gamble e Huff presentavano Barry White o Isaac Hayes o il pop black e urban di inizio decennio. La discoteca ha messo l'accento sui dischi mix, sulle registrazioni. Ma non sulle esibizioni dal vivo. A occupare la scena, non dei musicisti, non dei divi, non dei solisti o dei cantanti, bensì dei disc jockey: dalle discoteche gay newyorkesi il verbo della Disco si diffuse. In tutti gli Stati Uniti, in Europa e quindi in tutto il mondo.

La musica che si balla in discoteca ha una grande caratteristica: il ritmo. Il ritmo, a sua volta, è una grande caratteristica della musica creata dalla gente di colore. La storia della musica da discoteca, quindi, coincide con la storia della musica suonata dalla gente di colore.

Il jazz? Indubbiamente il soul. Negli anni Sessanta due case discografiche interessate alla musica nera, la Tamla Motown e la Stax Volt, avviarono decisamente il processo di diffusione della soul music determinando anche la nascita di quel derivato più schiettamente commerciale che prese il nome della discomusic. La Tamla Motown sfornò un folto plotone di nomi di successo a causa dell'estremo rigore cui si ispiravano i criteri di selezione dei musicisti da assumere.

I primi a riscuotere il plauso del pubblico furono i Miracles con le celebri ballate quali "Shop around", "Mickey's Monkey", "My Girl". Seguirono le Marvellets. E Little Stenie, un ragazzino dodicenne che muterà il suo nome in Stevie Wonder. Poi, Supremes guidate dall'allora sconosciuta Diana Ross, e i Four Tops, i Temptaptions (che raggiungeranno il culmine della carriera artistica con "Papa Was A Rolling Stone"), Marvin Gaye e molti altri.

Gli artisti erano tutta gente di colore e così era il personale al gran completo della Tamla Motown, dai dirigenti all'uomo delle pulizie. Fra il Sessanta e il Settanta questo suono, che venne appropriatamente definito come il suono dell'America giovane, si impose in larga misura e la Motown decise di aprire le porte anche a musicisti bianchi. Primi su tutti, i Rare Earth. Intanto si muoveva parallelamente un'altra casa discografica imperniata su opere di artisti neri, la Stax Volt. A differenza dei prodotti limpidi e perfetti della casa di Detroit, le composizioni che uscirono dalle sale d'incisione della Stax Volt di Memphis erano caratterizzate da una grinta verace e trascinante. Nacque un rispetto al Detroit sound della Motown e al Memphis sound della Stax Volt. Punte di diamante di quest'ultima corrente nera erano musicisti come Otis Redding, Wilson Pickett, Joe Tex, Percy Sledge, King Curtis, Sam&Dave, Arthur Conley.

Ormai il soul prendeva piede in tutti i luoghi dove veniva ascoltata musica; dagli Stati Uniti prese a dilagare nel resto dell'America e approdò anche in Europa cominciando ad affermarsi a tutti i livelli in stretto collegamento con tutto ciò, come sempre accade, quando un prodotto originariamente riservato a un preciso target. In seguito, una maggior produzione e quindi l'alleggerimento dei ritmi di lavorazione, portò alla commercializzazione. Venne preparata, incisa, pubblicata e venduta una gran quantità di musica che sebbene non si discostasse dalle originarie matrici soul, non veniva apprezzata unicamente dai neri ma veniva ascoltata con vero piacere dai giovani in generale.

L'affermarsi di questa musica ritmica e ballabile portò come conseguenza diretta allo sviluppo delle discoteche. Che vennero ampliate per far posto ai giovani che sempre più le popolavano. Ben presto la discoteca divenne un importante fatto di costume sociale e la sua evoluzione qualitativa e quantitativa subì una netta impennata. Si incrementò il valore di tutte le sue componenti e così la figura del disc jockey salì alla ribalta: l'impianto di amplificazione fu curato fin nei minimi dettagli, le luci furono appositamente progettate per questo scopo.

Nel 1972 le case discografiche consapevoli del fenomeno in espansione iniziarono a programmare diversivamente le loro produzioni e intuirono che la discoteca era destinata a divenire un nuovo e rilevante veicolo promozionale.

Fra i primi artisti che si imposero nel mondo delle discoteche c'era un robusto texano di colore, Barry White; ancora adesso viene spesso menzionato come re della discomusic, padre del disco sound. E infatti sulla scia dello strepitoso successo che fu in grado di ottenere, nacque definitivamente la discomusic. Ancora una volta una città divenne simbolo di un ben determinato tipo di musica; il Phily sound era appunto il suono di Filadelfia, legato allo studio discografico Sigma Sound. Da lì partirono alla conquista del globo gli O'Jays, Harold Melvin & the Blue Notes, i Mfsb, Billy Paul, le Three Degrees. Per un po' di tempo i musicisti di Filadelfia la fecero da padroni e nelle serate in discoteca erano inequivocabilmente il riferimento, il clou.

Nel 1973 però una stella più luminosa si alzò a vivificare la ancor flebile volta delle discoteche; la Kc & Sunshine Band di Miami. Nacque immediatamente il Miami sound, la scuderia di questa ennesima corrente musicale presentava artisti di calibro di GeorgeMaCrae, Jimmy Bo Home, Betty Wright e Carol Douglas, oltre che naturalmente la già citata KC & Sunshine Band.

La principale caratteristica dei Miami sound consisteva nell'aver eliminato talune strutture musicali troppo artificiose ed imponentemente orchestrali; ora la musica da discoteca si avvaleva di una sezione ritmica più pressante ed evidente. Si trattava, in buona sostanza, di una musica semplice, lineare, essenziale nella sua armonia. Inoltre, era adatta al ballo moderno, come non mai. Si illuminarono di radioso successo i destini di un gran numero di musicisti e la discomusic si impose nel mondo intero come una realtà inconfutabile sia nel suo aspetto rigidamente musicale sia nell'ottica sociale di massa. Hamilton Bohannon ebbe vasti riconoscimenti anche nel nostro Paese.

Gloria Gaynor si convertì senza tanti complimenti al nuovo verbo musicale della Disco e vendette moltissimi 45 e 33 giri riproponendo con un pizzico di furbizia vecchi successi arrangiati secondo i nuovi criteri di impostazione della musica. Più ritmo. Andrea True Connection esplose ovunque con la sua "More More More" introducendo marcatamente nell'ambiente il concetto disco e sesso portano al successo. Le Ritchie

Family spopolarono letteralmente con "The Best Disco In Town" e guadagnarono le vette delle classifiche internazionali proponendo una formula poi molto seguita: mettere insieme in un solo brano un certo numero di brani conosciuti, riarrangiandoli secondo i canoni disco.

Nacque poi il Munich sound, il suono di Monaco, e la discomusic subì una virata verso l'Europa. Imperatore di questo ragguardevole territorio musicale fu Giorgio Moroder, un tipo sempre immerso in sconfinati oceani di cavi elettrici, fili, sintetizzatori, computer, che lanciò colei che divenne l'incontrastata regina della discomusic, Donna Summer. Famosa per la leggenda degli orgasmi veri incisi direttamente in sala di registrazione su un erotic disco che ebbe incredibile successo, la Summer esplose con "Love To Love You Baby". Con questa cantante vellutata di nero il sexy sound divenne regola irresistibile della discomusic. Dopo la Germania anche la Francia gettò sul mercato un suo prodotto eminentemente disco: il batterista di origine italiana Cerrone, che scalò le classifiche di mezzo mondo con "Love In C Minor" e "Cerrone's Paradise".

La formula disco & sesso era tanto sfruttata che si dovette ricorrere a bizzarri espedienti che potessero destare ancora interessi in tal senso. Amanda Lear, bella e sensuale fotomodella francese, si fece conoscere da milioni di persone per una buona campagna pubblicitaria che la faceva passare per un ex uomo (…). E così anche l'Inghilterra aveva la sua brava stella nel cielo terso della disco. L'Italia la seguì a ruota ma non riuscì a imporre un vero e proprio divo o una qualsiasi principessa. Fra i tanti spiccarono Maurizio Arceri e la consorte Cristina Moser che come Krisma calcarono con la forza la tesi dei sexy sound e, dopo qualche anno, gli Easy Going, i fratelli La Bionda, la Peter Jacques Band. Iniziarono allora mille correnti diverse nell'ambito della discomusic. C'era anche una fazione che si rifaceva a tematiche spaziali, siderali, galattiche. Meco Monardo, autore di un'ottima versione disco della colonna sonora del film Star Wars, poi i Rockets, i cinque francesi che si esibirono calvi, tinti di vernice argentata e con addosso tenute da extraterrestri, poi i Visitors. Un altro gruppo di musicisti si orientò sullo sfruttamento dei temi musicali classici e nacquero versioni ritmate di autorevoli opere di Beethoven ed altri grandi. Erano i Rondò Veneziano.

La Disco tuttavia raggiunse la massa solo attraverso "La Febbre Del Sabato Sera", la cui colonna sonora cambiò radicalmente la situazione. Ambientazione in una discoteca, il 2001 Odyssey a Bay Ridge, a Brooklyn, e coreografie azzeccate. Le mosse sensuali ed esperte di John Travolta fecero la differenza.

La musica, affidata in larga parte ai Bee Gees, prese il passo sorpassando i ritmi black. Centinaia di locali aprirono in tutto il mondo. La cultura gay, la prima che aveva incontrato la Disco, salì alla ribalta con gruppi ironici come i Village People e fenomeni come Sylvester. "Macho Man", "San Francisco", "Ymca", "In The Navy", tutti inni. E Grace Jones azzardò una riedizione di "La Vie En Rose" ed ebbe un successo strepitoso.

Altro film decisivo fu "Thank God It's Friday", grazie alle immagini scatenate e alla partecipazione di Donna Summer. Negli anni Ottanta la musica cambiò ma il ritmo rimase lo stesso più pesante e ossessivo. La discomusic classica andò in soffitta, forse si dissolse nel rock, nel pop, nella high energy, un po' nel rap, nell'hip-hop di Kurtis Blow e Grandmaster Flash, e nella breack dance. Ultimo film e influenzare la scena, "Flashdance", a unire musica e clip, ritmi elettronici e melodie furbe.

La colonna sonora lanciò nuovi nomi: Michael Sembello con "Maniac". E rilanciò Irene Cara con "What A Feeling", che già spopolò con un altro lungometraggio: "Fame". Disco e rock si fusero con Michael Jackson e "Thriller", album entrato nella storia della musica per aver venduto quasi quaranta milioni di copie in tutto il mondo e per essere stato in classifica per tre anni consecutivi. Sorse anche una categoria come quella del dj remixer, a cui tutte le rockstar si rivolsero per le varie rivisitazioni in chiave ballabile dei brani. Jellybean Benitez, Arthur Baker, Nile Rodgers, Trevor Horn. Proprio Rodgers negli anni Settanta, insieme a Bernard Edwards negli Chic, creò uno stile molto particolare insieme a David Bowie: "Let's Dance", che costituì la prima pietra miliare del nuovo stile rock danzereccio della decade. Quell'album è stato usato come esempio da nuovi artisti come i Duran Duran, Power Station e Madonna. Prince dal canto suo rilanciò la sfida a Michael Jackson con un funky elettronico e terribilmente sexy che ne fece immediatamente un mito.

Fra i due litiganti un terzo riuscì a godere: la spuntò infatti Lionel Richie, ex Commodores. Le classifiche americane di black music vennero invase da bianchi come Hall & Oates, Phil Collins, Madonna, Eurythmics. L'industria cinematografica tirò fuori dal cilindro film come "Body Rock", "Footloose", "Beat Street" e "Breaking". Colonne sonore divennero vere compilation: fu il caso di "Beverly Hills Cop" e "The Woman in Red".

La discomusic si presa una bella rivincita e si incarnò nel sound degli anni Ottanta.

Da dove nasce il termine discomusic? Disco, abbreviazione di discomusic, nasce all'interno del Loft, locale riconosciuto come la prima discoteca di New York. È David Mancuso il padre delle discoteche e della discomusic (musica suonata nelle discoteche).

Al dj di origini italiane è stata infatti attribuita l'introduzione del sound nel mondo dei dj della Grande Mela. Mancuso è anche andato oltre: ha provato a ribaltare il giudizio negativo del mestiere di dj, che molta gente aveva negli anni Settanta, soprattutto cercando di restituirgli dignità.

La mirror ball gira. La chiamano anche disco ball. Era una caratteristica degli anni Settanta e soprattutto del Loft, il locale dove è nata la parola "discoteca" (discothèque, in francese: libreria di dischi fonografici), dove l'ingresso era gratuito, dove i gay si sentivano a casa, dove il livello di energia era unico. I dj dei tempi allora si ispirano a David Mancuso: Nicky Siano a Larry Levan, Frankie Knuckles e David Rodriguez del Loft. Con la trasformazione delle sale da ballo in discoteche, si passa all'abbandono della musica delle orchestre e delle band sostituite dai dj che mixano i dischi dall'alto delle loro consolle. Funk, soul, musica latina e musica psichedelica convergono in ritmi in quattro/quarti arricchiti da elementi swing e afroamericani.

New York riaccende le luci e così fa anche Filadelfia. Il periodo? Tra la fine degli anni Sessanta e i primi anni Settanta. La risposta al dominio del rock è secca, perentoria. A cavallo tra gli anni Settanta e Ottanta si fa largo l'high-energy (scritta anche Hi-NRG), discomusic condita di elettronica, cori e voci riverberati, suono electro-funk.

"'I Feel Love' ebbe successo perché vibrante e ad alta energia", disse Donna Summer. Le contaminazioni portarono la velocità dei brani a 130 e a volte a 140 bpm. Alla Diva fecero seguito artisti come Michael Sembello o Bobby Orlando. La strumentazione elettronica sostituisce (quasi) totalmente bassisti e batteristi mentre Ian Levine, uno dei dj e dei produttori pionieri high-energy, descrive il suono amato come una musica "dance melodica, semplice e non molto funky".

Anche gli italiani producono la propria versione della high-energy (e della discomusic), si tratta della Italo Disco (il produttore e discografico tedesco Bernhard Mikulski coniò il termine, ndr), diventata poi Italo House e Italo Dance. Dalla new wave e dalla synthpop, dal new romantic alla nuova electropop, la tendenza è di realizzare suoni locali prendendo spunto da ciò che proviene da oltre confine.

La Italo Disco diventa Italo Pop con Mike Francis, Ryan Paris e la scuderia di Claudio Cecchetto con Tracy Spencer, Taffy, Via Verdi, Sandy Marton e soprattuto Sabrina Salerno. Le etichette sono la Baby Records, la Disc8, la Discomagic. Easy Going (Claudio Simonetti e Giancarlo Meo), i fratelli La Bionda (Carmelo e Michelangelo, noti anche come D. D. Sound), Roberto Turatti (Den Harrow, Joe Yellow, Albert One), Gazebo, Scotch, Kano, Roberto Zanetti sono i nomi che scalano le chart entrando anche nella US Billboard Hot 100. Con Klein + M. B. O. , Mario Boncaldo e Alexander Robotnik, cioè Maurizio Dami, quello di "Problemes D'Amour".

La forte passione di Dami è per la Space Disco, Italo Disco avvolta da atmosfere della prima house di Chicago e della prima techno di Detroit. Conosciuto anche come Cosmo Sound o Spacesynth, è un filone musicale della Eurodisco, nato nel periodo di "Guerre Stellari" ("Star Wars") e della colonna sonora di "Battaglie nella Galassia" ("Battlestar Galactica") curata da Moroder, e caratterizzato da uno stile sci-fi (fantascientifico), rappresentato da volti alieni come Rockets, Visitors, Space e Dee D. Jackson. Dalla Italo Disco alla Italo House sino alla dance anni Novanta a quella del Duemila di Mario Fargetta, Tommy Vee, DB Boulevard, Gianni Coletti, Cristian Marchi.

Cosa resterà di quegli anni Ottanta?

Cosa resta del mondo che apre il capitolo "La Storia della Nuova Musica Dance"? Probabilmente alcune stesure musicali e particolari sonorità delle ultime produzioni dance hanno fatto sì che si pensasse a un ritorno agli anni Ottanta. In fondo la musica dance è un continuo riciclo di suoni e melodie già sentite. Per i prossimi anni il grande catalogo musicale che ci ha regalato il decennio degli anni Settanta sarà fonte di ispirazioni per molti produttori.

Gli anni Novanta

Gli anni Novanta sono stati anni memorabili sotto molti punti di vista, e per la musica dance (intesa in tutte le sue forme ed espressioni stilistiche) probabilmente i migliori e i più ricchi, animati da nuovi strumenti, da un mercato ricettivo, da numeri che generavano entusiasmo. Erano gli anni in cui si campionava di tutto e da tutto, gli anni in cui si allestivano studi di registrazione di fortuna nelle camerette, nelle cantine e nei garage, gli anni in cui si inventavano nuove traiettorie sonore, gli anni in cui la figura del dj iniziava ad essere osannata da folle sempre più consistenti. Da semplice "mettidischi" chiuso in cabina, il disc jockey diventava una sorta di santone, di messia, di sciamano, e cominciava a creare un binomio col ruolo di produttore.

LA COMMERCIALE

Commerciale, una cosa che vende è commerciale. La commerciale è la dance che confina con il pop e si presenta nell'EDM. È una cosa commerciabile, solitamente facile, percepibile al primo impatto. E un disco mix e spesso una compilation debbono essere trattati come un normale portacenere o detersivo. Bisogna ben produrli e ben pubblicizzarli.

L'organizzazione serve per seguire step by step questo lungo, tortuoso e imitato iter: all'uscita, prova lampo nelle discoteche per capire se il prodotto verrà retto e capito dai cultori/padrini della dance, i dj, e dai sotto-cultori della dance, i fruitori, ovvero il popolo notturno e danzante. Segue la promozione nei circuiti radiofonici, e qui è quasi inutile spiegare che in Italia, più che in ogni altro paese del mondo, ci sono network che fanno il bello e il cattivo tempo, o meglio, non si tratta di monopolio ma comunque di leadership incontrastata.

A ruota arriva la promozione mirata sulla carta stampata, dai giornali di settore alle restanti pubblicazioni, per approdare a passaggi televisivi in programmi culto o fantasma (che esplodono oggi e che già domattina non ci sono più). Eppoi ancora lavoro, tanto, spinte su spinte per aumentare l'importanza di certi prodotti che altrimenti finirebbero nel dimenticatoio. Non è facile capire il business, tantomeno fabbricare una hit o raccontare la storia della dance commerciale.

BREAK E DUBSTEP
MODI ALTERNATIVI DI RIVEDERE IL POP

Big Beat Boutique di Brighton. I suoi frequentatori sono studenti d'arte, raver, mood, gay. Loro guru è Fatboy Slim, che in realtà è il produttore Norman Cook, padrone della Loaded, records company che possiede la label leader del settore, la Skint, ormai imparentata con la Sony. Big beat è ciò che Cook ha inventato fondendo i groove accelerati al sound del rock, dell'hip hop, della techno, con voci stretchate, con sfumature jazz, con sibili radiofonici e, bandita assolutamente, la cassa in quattro/quarti. Gli apripista sono i Chemical Brothers e i Propellerheads. Grandi rumori e grandi affari. Perché i produttori dell'elettronica hanno sempre vissuto nell'ombra e mai avevano un volto, mentre gli artisti del big beat, proprio dal brit-pop, hanno ereditato la dottrina del successo a tutti i costi e appaiono dovunque, suonano live.

Il big beat piace ai raver perché si abbina agli stupefacenti; piace ai rocker perché in essa si riconoscono. "La musica che guarda avanti si basa sul furto", ha detto recentemente Ed Simons dei Chemical Brothers, la cui carriera è stata interamente costruita su una massiccia e stravagante applicazione delle più elementari norme della pirateria musicale internazionale. Ma nonostante lo abbiano praticamente inventato nei giorni dell'ormai leggendario Heavenly Social Club, ai Chemical "il big beat non convince perché" sostengono che "i dischi di big beat sono solo materiali per dj". Da cui si può capire perché, al contrario, Cook, che vive a Brighton, ha abbracciato la nuova fede, ritrovandosi a meraviglia tra i suoni smembrati di quella che è stata definita la nuova tendenza.

Attorno a Brighton si sono raccolti scrittori, attori, musicisti e altri personaggi e nella ridente città c'è anche la sede della Skint, con Fatboy Slim in primis. Low Fidelity Allstar, Bentley Rhythm Ace e Hardknox. "Un dj oggi non può che suonare di tutto, hip top, disco, house, drum'n bass, ska. Fare il dj per il big beat è più come ascoltare un jukebox che assistere a un tradizionale missaggio", spiega Damian Harris, boss soprannominato Midfield General, Generale di centrocampo. Una evoluzione e il ritorno al rock'n'roll. Il big beat può vantare le sue brave groupie.

Celebre è diventata la Girls Brigade, una banda di fanciulle londinesi resasi celebre per aver organizzato manifestazioni di intolleranza post-ecstasy a più di un concerto e veglie in casa Cook. Che è il re del grande battito: i remix per "Brimfull of Asha" dei Cornershop e "Renegade Master" dei Wildchild sono due pietre miliari. "Meno lavoro su un disco e meglio mi riesce", dice. "Bisogna catturare il momento. E ciò che conta è non rendere il prodotto complicato". Di facile presa.

Ecco perché il big beat non deve essere inteso come una moda passeggera, quale potrebbe essere definita speed garage, bensì il nuovo modo di rivedere il rock.

POP GOES EDM GOES POP

Sono quelli che come dei carpentieri del suono, tagliano, restaurano e spesso ricostruiscono la musica delle popstar. Lo fanno su basi economiche solide e in anfratti sonori abitati da inquilini famosi. Sono i produttori e soprattutto i remixer doc. Che permettono salti di qualità e spesso miracoli a chi vuole essere riposizionato nel settore.

Spesso tutto parte da un remix. Io ne faccio uno a te, tu canti per me. Lo chiamano swap. É semplicemente un tacito scambio alla pari: una versione (dance) in più per un progetto (popolare) e la possibilità di una nuova collaborazione. Quanti dj hanno approcciato così al mainstream e quante popstar hanno fatto altrettanto. Iniziative nate a tavolino, figlie di un marketing che funziona a singhiozzo, o casualmente, con una visita inattesa in uno studio di registrazione. I dj sono diventanti pop grazie alle frequentazioni, più o meno intimiste (Madonna docet), e le star dell'ugola sono entrare nel giro della musica da ballo attuale con questa disinvoltura, spesso disincantate dai meccanismi oliati e spregiudicati del sistema (…) djing, clubbing e della discografia indipendente (che come disse Claudio Cecchetto "oggi fa da scouting alle major"). Su Madonna deadmau5 ha detto: "Vuoi essere figa e al passo coi tempi, insomma una… nonna funky? Bene, se vuoi entrare nel mondo del clubbing, almeno fallo con un po' di dignità e stile".

L'episodio che ha cambiato tutto nell'era moderna, al di là di tanti remix che hanno trascinato sulla pista insospettabili come gli Everything But The Girl ("Missing" ritmata da Todd Terry) e Tori Amos ("Professional Widow" stravolta da Armand Van Helden), risale al 16 giugno del 2009, quando i Black Eyed Peas mollano il groove urbano e pubblicano "I Gotta Feeling" in cui non c'è solo lo zampino ma soprattutto testa e cuore di David Guetta.

Se oggi tutte le generazioni conoscono termini come EDM e dj il merito deve essere riconosciuto al francese e al desiderio di nuovi groove dei giovani, soprattutto statunitensi.

CASTA, INFLUENCER E VIP

Business mondiale, da quasi dieci miliardi di dollari l'anno, l'EDM suscita l'interesse delle grandi corporation e soprattutto dei promoter. Ma la festa potrebbe finire molto presto per tutti, se non si danno da fare "quelli che contano"

Joel Zimmerman, meglio conosciuto come deadmau5, e da non confondere col noto promoter della William Morris Endeavor, del nuovo movimento della musica elettronica è stato uno dei pionieri. Nel corso di un'intervista rilasciata al London Evening Standard nel 2015, il canadese ha preconizzato la prossima implosione della bolla EDM. "Il topo è il primo ad abbandonare il vascello che affonda", ha detto. "Il processo di affondamento è già in corso da anni. Non credo sia una cosa che riguardi l'industria discografica: probabilmente invece è già pronto un nuovo gregge di pecore pronte a seguire questa inutile scena chiamata EDM. Siamo onesti: la discomusic ha avuto una vita più lunga dell'EDM, tuttavia, anch'essa si è sgonfiata molto presto". L'EDM secondo deadmau5 è ancora più esposta ai rischi perché è nata in un momento storico in cui altri generi versavano in cattive acque. "Quando non è più possibile sfruttare o quantomeno disporre del supporto della stampa generalista nei confronti di un fenomeno di massa, è finita. I festival ormai sono considerati più importanti degli artisti che ci suonano, il che, per quanto mi riguarda, è assurdo. E la ragione è la quantità di gente che suona a questi festival. Sapete alla fine chi sono gli unici a guadagnarci? I promoter. I tizi che mettono in piedi i festival sono più importanti di tutti noi. Altro che headliner". Molti promoter oramai sono degli influencer.

Ma i veri influencer oggi sono i blogger e i proprietari dei music channel dedicati alla musica dance.

I DJ, LE NUOVE ROCKSTAR

A vedere i grandi dj all'estero ci vanno le famiglie, i padri coi figli. Da noi no. Questo è già un gap culturale. I dj sono ormai membri di una grande comunità globale. Conta più il cosa si fa in studio e in consolle o il come?

La dance attuale, nella sua più canonica accezione, col termine EDM, è diventata una delle voci più importanti del fatturato pop internazionale. Molti, come sostiene Tiësto, non capiscono questo mondo e pensano che i dj si limitino a "mettere i brani". La musica dance elettronica cambia velocemente. Nessuno sino a una manciata di anni fa ora avrebbe immaginato una evoluzione del genere, come nessuno può negare che i dj avrebbero sfondato le barriere dell'underground e conquistato il mainstream. Anche negli Stati Uniti questa realtà è arrivata ai livelli più alti. I dj oggi sono le nuove rockstar di una volta. In sostanza, dentro questo calderone dovrebbero confluire diversi sottogeneri, dalla electro house alla techno, dalla trance alla bass music, dalla progressive passando dal dubstep o dal drum'n'bass. EDM insomma è l'ombrello della dance music sotto al quale tutti si riparano quando gli acquazzoni del pop bagnano le classifiche con violenza. EDM ha una sua geografia: Miami, Tel Aviv, Las Vegas ma anche Amsterdam e Tokyo, Sydney e Città del Capo, città in cui spuntano come funghi i più grandi festival in assoluto al mondo.

Dai rave illegali al mercato internazionale, dalla fruizione di nicchia a quella internazionale, l'EDM si rivela ad oggi come il genere predominante nell'industria discografica.

Con alfieri del calibro di Calvin Harris, Skrillex, deadmau5, David Guetta, Tiësto e molti altri ancora, l'electronic music dance si è trasformata in un business dal valore di più di sei miliardi di dollari, non solo grazie alla musica venduta, ma anche e sopratutto tramite spettacoli dal vivo, festival ed eventi di vario genere, vendite di software e hardware per creare musica.

I dati rilasciati da Nielsen SoundScan mostrano che l'EDM ha registrato un enorme incremento di vendite sia in America che in UK nel 2013, espandendo poi la sua fortuna in tutti i campi del settore: i Daft Punk, per esempio, sono stati la prima band dance ad aggiudicarsi il Grammy per l'"Album dell'Anno" con il loro "Random Access memories", nonché per la "Canzone dell'Anno" con "Get Lucky"; alcuni dei più importanti festival internazionali stanno poi inserendo sempre più artisti dance nei loro cartelloni, mentre festival EDM stanno ampliando i loro confini in tutto il mondo.

Un'altra tappa fondamentale nella crescita dell'EDM su scala mondiale è stata raggiunta con l'ingresso del gruppo SFX Entertainment di Robert Sillerman nel NASDAQ, il mercato borsistico elettronico americano. E il colosso della musica dance/elettronica ha dichiarato di voler accrescere ulteriormente la sua presenza sul mercato, puntando ad organizzare circa 70 tra festival ed eventi vari solo quest'anno.

I dj, da mettidischi, sono diventati superstar e come Rihanna, Lady Gaga e Madonna stanno imparando a far parlare di sé soprattutto per motivi extramusicali. Perché scriverlo qui, su un sito dedicato soprattutto a chi fa davvero girare la notte italiana (imprenditori, manager, direttori, gente che la notte lavora)? Perché purtroppo dei locali italiani, invece, si parla pochissimo. Anche quando ospitano stelle del mixer pagandole a caro prezzo, raramente trasformano una serata in un evento. È questa la lezione principale che dovremmo un po' tutti imparare dalle stelle del mixer: che la musica non è tutto. La chiamavano pop dance, sì. Ma ora tutto è cambiato grazie a Internet e ai social: la musica da ballo più tradizionale e moderna, fenomeno musicale dilagante degli ultimi mesi, si è autobattezzata EDM. Dietro all'acronimo di Electronic Dance Music, ecco un mondo fatto di festival, business e ovviamente compilation. Il primo marchio in Italia a credere in questo mondo è stato Ego Italy, che ha creato ad hoc il brand GRRR.

Anche il mitico settimanale Topolino scopre i misteri ed il fascino della Electronic Dance Music. Sul numero 3034 dell'edizione italiana, infatti, è presente la storia "Paperinik ed i misteri dell'E. D. M. ", nella quale Paperino combatte i gusti musicali dei nipoti Qui, Quo e Qua e la loro passione per la "duckstep" che seguono sul portale video "youpap", così come ammirano un dj, ovviamente mascherato. Il finale, al quale si approda grazie alle solerti investigazioni di Paperinik, è all'insegna delle larghe intese o se vogliamo delle contaminazioni musicali. Il lieto fine in queste situazioni resta sempre un must.

Galeotti furono i DJ Awards 2011 al Pacha di Ibiza, quando si palesò madrina della cerimonia di premiazione degli Oscar ibizenchi, ed ebbe modo di conoscere ed entrare in intimità con la superstar olandese Afrojack. Da allora Paris Hilton ci ha preso gusto, e la sua escalation come dj non ha più avuto soste. Tra residenze all'Amnesia di Ibiza ed aperture dei concerti di Jennifer Lopez, l'ereditiera più sovra-esposta del mondo sembra aver trovato una dimensione artistica che non la stanchi e la diverta. Chi la ingaggia sa benissimo di avere un ritorno mediatico senza eguali, basta che si sappia far di conto: chi meglio pertanto di una catena di Casinò per assicurarle un contratto da 400mila dollari per quattro serate?

I dj, così come li conoscevamo, si sono trasformati.

IL DISC JOCKEY

Per molti anni è stato portato avanti il concetto secondo cui l'opera di un disc jockey era un'attività marginale, secondaria, poco importante, poco qualificante, un passatempo oppure semplicemente un fatto di puro divertimento. Ma nel nuovo Millennio, in realtà, quella del disc jockey è ormai una vera e propria professione e il compito dell'Aid è informare gli aspiranti dj, con la massima chiarezza, precisione e semplicità, su ogni punto focale. Per questa ragione è stato realizzato un corso, inizialmente chiamato "DJ's At Work", che può e deve rappresentare una solida base di lancio: studiando con metodo e coscienza, dopo le prove pratiche e teoriche, dopo un allenamento attento, magari durato anche intere giornate, si potranno vedere i frutti di ogni sforzo. Occorreranno voglia, passione, desiderio, impegno, sino in fondo, senza tregua, in modo da raggiungere al più presto risultati davvero soddisfacenti e gratificanti. Una solida base alle spalle e, con il tempo, anche una solida esperienza. Entrando nel mondo della radiofonia e della discografia, cercando di comprendere tutti gli aspetti importanti ed essenziali e imparando una sequenza di informazioni base, si apprenderanno nozioni utili.

Definire l'attività del disc jockey? Il dj svolge una professione di carattere artistico con la condizione necessaria di apprendere nel migliore dei modi un bagaglio tecnico non indifferente. Se il pittore deve assimilare le tecniche per il disegno e la pittura stessa, segreti del suo mestiere; se il compositore deve conoscere le regole della musica; anche il disc jockey deve sapere mixare i dischi o parlare con disinvoltura ai microfoni di una radio. Tuttavia, esiste una sfumatura tipica dei disc jockey: deve saper svolgere contemporaneamente il processo artistico-creativo e quello tecnico-pratico.

Il disc jockey è dunque un'artista e i mezzi che usa per dare corpo alla sua inventiva sono rappresentati dai mixer e dai piatti, ed eventualmente dal campionatore o da un microfono. Il mestiere del disc jockey tutto sommato è ancora giovane anche se in continua evoluzione. Se è stata registrata una notevole impennata qualitativa negli ultimi tempi.

LA NASCITA DEL DJ

Con l'apertura delle prime discoteche in Francia, durante il dominio nazista, la figura del dj ha iniziato a diffondersi.

I primi dj suonavano dischi jazz e blues provenienti dal nuovo continente nonostante il regime vietasse la diffusione di opere discografiche statunitensi.

È un po' quello che accade ancora oggi in nazioni orientali e mediorientali. Relegato spesso in un angolo, al buio, il dj negli anni Settanta ha un padre putativo, un certo Leon Scott, che nel 1857 in Francia inventò il fonoautografo, oggetto precursore del fonografo. Si trattava del primo dispositivo atto a registrare il suono associato a un metodo di riproduzione.

Nel 1877, Charles Cros inventò il fonografo, sempre in Francia. Quindici anni dopo, nel 1892 per la precisione, Emile Berliner iniziò la produzione commerciale dei dischi per grammofono.

Bisogna attendere sino al 1906, quando Reginald Fessenden trasmette nell'etere la prima trasmissione radiofonica. Ed eccolo, allora, il primo disc jockey, radiofonico ovviamente: trattasi di Ray Newby, della città di Stockton, California, Usa. Nel 1909, a 16 anni,

Newby suona dischi grazie a un pioniere della radiofonia come Charles Herrold, per gli amici Doc. Questo mentre nei locali pubblici si diffondere quello che sarà per anni l'acerrimo nemico del dj: il jukebox.

È 1935 e viene coniato il termine disc jockey: l'idea è del commentatore americano Walter Winchell. Disc jockey significa operatore di dischi. Il jockey è il fantino, termine slang per definire un operatore di una macchina. Subito, un annunciatore radiofonico, tale Martin Block, ricrea l'atmosfera di una balera con una sequenza che pare tratta da uno show dal vivo.

Nel 1943, Jimmy Savile ha lanciato la prima festa danzante della storia: non ricorre a un orchestra bensì a dei dischi di jazz. La location è una sala al piano superiore della Loyal Order of Ancient Shepherds ad Otley, in Inghilterra: quattro anni dopo il britannico sostiene di essere diventato il primo dj a utilizzare dei giradischi per la riproduzione continua dei dischi. Nello stesso anno al night club Whisky Go-Go di Parigi, nasce la discoteca, nome che è un vero tributo ai dischi in vinile.

Nel 1955, Bob Casey dà vita al trend dei due giradischi come sistema utile per mixare più brani musicali, standard adottato e supportato nei ghetti di Kingston, in Giamaica, dove il dj si chiama selecta, selezionatore.

Un balzo di ventidue anni e il disc jockey Captain Pj presso lo Spectra Club utilizza un mixer, il Bozak CMA-10-2DL.

Nel 1969, il dj Francis Grasso sfrutta appieno l'abbinamento giradischi-mixer al Sanctuary di New York diffondendo la cultura del turntablism prima nella Grande Mela e poi nel resto degli Stati Uniti.

Cinque anni dopo, nel '74, la Technics mette in produzione un modello che diventerà un classico, l'SL-1200. Mentre il duo dei Kraftwerk immette sul mercato

un disco della durata di ventidue minuti, "Autobahn".
La "Febbre del Sabato Sera" e la discomusic fanno il
resto.

DJ DOMANI

I cambiamenti intensi e radicali della musica, destinata prima alle discoteche e poi ai festival dal target giovanilistico, si stanno manifestano quasi a livello spirituale, certamente a livello morale, pratico, logistico, tecnico e personale. Si avverte nell'aria che qualcosa all'orizzonte sta modificando lo status quo, ma a conti fatti secondo parecchi addetti ai lavori niente si muove. Invece siamo alle spaccature reali: di qui o di là. Dopo gli artisti da 50 o 50mila euro, quelli da 5 o 50 anni.

Oggi se un dj produttore famoso dovesse vivere solo di ricavi dalla vendita dei brani, avrebbe un introito contenuto: i grandi guadagni provengono dall'indotto. Tra queste voci i sono di diritti d'autore, le sincronizzazioni pubblicitarie e le serate. Ecco perché la maggior parte dei contratti discografici oggi include la voce booking. L'unicità di un dj e produttore viene sfruttata attraverso le esibizioni, che non sono più relegate alle sole discoteche ma anche ai festival e agli eventi allestiti dai brand.

Come nella società sta sparendo la classe media, anche nel lavoro e nel settore del djing siamo al collasso e al punto più distante delle lame della forbice. Come detto: con dj da 50mila euro a cachet e "comuni mortali" da 50 a serata impiegati come resident dj. Senza contare il fenomeno dei dj pulmino, pagati in base alla gente che portano all'evento. E i dj nella terra di mezzo? Quelli dai mille al tetto dei 10mila euro? Stanno scomparendo. Tutti.

Il DJ robot

Il 15 settembre 2015 viene pubblicato dal sito di BBC un editoriale curato dal presidente di Google Eric Schmidt. L'argomento principale è l'AI - ovvero l'intelligenza artificiale - e si tocca anche il campo della sua applicazione legata alla fruizione e alla distribuzione della musica. In particolare, in una sezione dell'articolo, Schmidt, parla del ruolo dell'AI nella soluzione di uno dei problemi più annosi dei servizi che offrono musica online al momento: le raccomandazioni e i suggerimenti.

Schmidt scrive: "Dieci anni fa per lanciare una piattaforma di musica digitale probabilmente avresti reclutato un gruppo di influencer di élite per selezionare la migliore musica più nuova. Oggi invece occorre costruire un sistema intelligente che è in grado di imparare dal mondo reale - ciò che molto probabilmente piacerà davvero agli ascoltatori - e di aiutarti a capire chi e dove possa essere la prossima Adele. In più è un processo meno elitario e più democratico, che dà a tutti la possibilità di scoprire la prossima grande star in base ai gusti collettivi e non delle preferenze di pochi selezionati individui. In pratica è una sorta di critica aperta al modello propoposto da Apple, che per Apple Music ha proprio assoldato una serie di influencer di alto profilo per curare playlist e dei dj di fama mondiale per far passare brani e dischi su Beats 1 Radio".

Certo è che, di fatto, l'idea di Schmidt si scontra con

le difficoltà tecniche per cui per i computer è ancora molto difficile elaborare i dati in modo da capire con un buon margine di esattezza chi sarà la prossima star e quali saranno i nuovi successi.

Come in un film di fantascienza

Emulator è il primo multitouch software controller Midi per Pc volto ai dj al mondo. Permette al pubblico di vedere esattamente ciò che il dj sta facendo dietro allo schermo trasparente. Emulator gira su Windows 7: questo permette di utilizzare anche un semplice tablet come interfaccia controller Midi. Una versione specifica per Mac OSX è attualmente in fase di sviluppo. Pronto all'uso alla sua accensione, non richiede alcuna programmazione e preparazione speciale o configurazione. In soli cinque minuti, è acceso e mostra tutte le informazioni necessarie sull'ampio schermo.

La tecnologia brevettata offre all'utente un display "heads-up" di tutte le tracce e tutte le informazioni supportando i layout multipli del controller. Girano su Emulator programmi come Ableton, Serato e Virtual DJ ma è Traktor Pro a dare il meglio di sé. Soluzione completa multitouch, ha più di 130 tra pulsanti Midi, manopole e slider. La sua latenza è estremamente bassa, solo sette millisecondi. Ciò si traduce in azioni in tempo reale e quindi incredibilmente veloci. Completamente aggiornabile via Internet, è davvero lo strumento per i dj del futuro.

Il vincitore del primo concorso per Emulator, organizzato da Beatport, il Accepts Prize at PLASA Show 2011, tenutosi presso l'Earls Court di Londra, Damion Burbank, è il fiore all'occhiello di Alan Smithson, CEO di SmithsonMartin, marchio che ha creato da zero lo strumento. Burbank crede che l'emulatore possa rappresenta un nuovo modo di pensare non solo per i dj ma anche per i vj. Non solo suono ma anche luci e contemporaneamente video possono essere gestiti con disinvoltura.

Emulator

La nuova generazione di dj tecnologici vede Marc Romboy, fondatore dell'etichetta Systematic, tra i veri protagonisti. Romboy è il guru e il testimonial di Emulator della Smithson Martin. Il touch screen, già testato al Ministry of Sound di Londra e al Bloom Club di Wuppertal, in Germania, oggi è uno standard per un dj amante delle nuove tecnologie come Romboy. Che dice: "Il dj con Emulator diventa parte dello spettacolo".

Sei sempre stato uno con una mentalità aperta a tutto, in modo particolare agli sviluppi tecnologici e ai gadget futuristici. . .

"Forse è perché guardavo da piccolo film come 'Guerre Stellari' e serial tv come 'Spazio 1999', che mi sono preso una cotta di Emulator. Un giorno il mio amico Namito, un dj famoso di Berlino, mi mandò un link sull'Emulator. Rimasi completamente folgorato quando vidi questo controller che mi ricordava il film 'Minority Report'".

Emulator permette di miscelare audio e video: sarà questo il dovere del dj del domani? Mixare immagini e suoni?

"Penso che questo sia un forte segnale. Audio e video sono sempre più vicini e oggi metterli insieme a tempo con i software in circolazione è un gioco da ragazzi".

Oggi il lavoro di dj è diventato una mansione a tutti gli effetti.

"Sono i giovani che hanno meno barriere e preconcetti ad avere la meglio, questo però solo se non hanno aspettative. Se faranno questo per passione, allora saranno premiati".

E un domani?

"In un futuro non lontanissimo vi saranno molti ologrammi, come sul ponte di Star Trek. Il 3D sarà il prossimo passo del djing che integrerà come audio sistemi olofonici e home theatre".

I NEWCOMERS

Fama, risultati, gratificazioni morali, professionali ed economiche. Parlano poco, vogliono tanto e spesso ottengono molto. I dj agli albori sono così. E viaggiano a mille.

Sarà la spensieratezza e l'energia di certe produzioni, resta la certezza di un vivaio in piena espansione che può regalare nuove forze al settore. Cool Pony Crown Heights, dove l'insegnante (alla School of Rock di Manhattan), dj e compositrice Natalie Elizabeth Weiss impartisce speciali lezioni. "La differenza tra Mozart e la musica elettronica? Facile: a tre mesi non si può prendere in mano un violoncello. Ma un controller o un tablet sì".

Ci sono dj superstar che svolgono un ruolo basilare tra le esigenze delle nuove leve. L'olimpo della club scene, luogo dove, quando ci si muove, si rischia di fare qualche danno, necessita di veri tutor.

Non essendoci vere e proprie scuole dell'obbligo atte a istruire ragazzi ignari di quello che il settore riserba, e venendo a mancare pertanto una figura professionale che possa prendere per mano i dj agli albori, possibilmente già grandicelli, probabilmente in piena ascesa, ecco muoversi i grandi, i vip, quelli dal cachet stratosferico, quelli dal cognome altisonante. Che si trasformano in tutor.

Disc jockey meno noti, seppur assai promettenti, si proteggono dalle bordate della critica, facendo gavetta, e imparando i trucchi del mestiere. Il loro grazie va alle stelle della consolle. Che hanno deciso di diventare più brillanti del previsto. Allevando nuove promesse. Ogni storia ha il suo perché e la sua ragione di esistere. Possono essere simpatie, amicizie, interessi ai più sconosciuti a far scaturire rapporti professionali. Il pupillo è un beniamino, o meglio, solitamente un favorito di un professore, di un tutor. Serve qualcuno che accompagni i novelli o i meno rodati a un corso di formazione nel processo di apprendimento.

Niente teoria, come si è detto, e parecchia pratica, con un professionista a fianco che è pronto a gratificarti ma anche a darti delle belle bacchettate sulla mani. Perché è davvero un attimo dissolvere la fiducia guadagnata in anni di sudore.

Quasi una casta, con i suoi "portaborse".

Non è un fenomeno italiano, anzi. Qui in Italia c'è X Factor, in fondo. Non c'è niente, per i giovani. E uno la guida se la cerca e se la trova dove può.

LA GAVETTA

Alla ricerca della visibilità. A ogni costo. A ogni modo.

C'è anche l'opportunità che viene data a produttori emergenti di talento per mettersi in gioco ad alti livelli. Molti cercano di prendere una scorciatoia, cercano di saltare a piè pari il processo che chiamato gavetta, che permette di formarsi musicalmente e professionalmente e distinguersi dalla massa. Ralf è certo e profondo nello stesso tempo: "Essere visibili, essere famosi, rappresenta uno degli aneliti principali della quasi totalità degli esseri umani".

Abbiamo tutti avuto un maestro più o meno importante che ci ha guidato nei primi passi e che ci ha insegnato le basi del mestiere. "In questo caso specifico non la chiamerei nemmeno gavetta: si sta parlando di nomi che hanno già rilevanza, supportati da nomi importantissimi, che si sono guadagnati il loro posto". Dave T Vannelli d'altro canto lo sa: "La pubblicità, positiva o negativa che sia, è sempre pubblicità". La visibilità è molto importante soprattutto nell'era in cui tutto il mondo produce musica e i dj proliferano espandendosi a macchia d'olio. "Ce ne sono a migliaia, collaborare con un nome già affermato ti fa arrivare sicuramente prima, ma poi bisogna mantenere la posizione", precisa

Outwork.

Non si vendono più dischi e le produzioni sono state sempre il canale primario della promozione per un dj. Quali altre opzioni rimarrebbero, altrimenti? Se lo chiede Luca Baldini: "Se non sei un dj pulmino e non fai dischi (o quelli che fai non vengono distribuiti), chi ti affiderebbe anche solo l'opening di un party?"

Un mondo difficile, senza un appoggio.

Occorre qualcuno che conta, almeno, questo lo credono in tanti, soprattutto Ortelli: "È veramente dura farsi notare e poter dimostrare le proprie doti e il proprio valore. Anche per quanto riguarda un disco: io sono dell'avviso che l'80 per cento lo faccia la promozione. Ascolto spesso delle 'hit' che non vanno da nessuna parte perché non appartengono a dj famosi. Lo stesso Guetta è definitivamente esploso quando a sua volta ha iniziato a collaborare con personaggi del calibro dei Black Eyed Peas, Kelly Rowland". La possibilità di dimostrare cosa si può fare per un grande pubblico è una chance da non sottovalutare. Daniel Wanrooy ci crede: "Suonare per il mainstream è sempre diverso rispetto a suonare per la nicchia, fidatevi di uno che è passato dai piccoli club al mitico Heineken Music Hall di Amsterdam. Quando ripenso a quell' approdo, ancora mi viene la pelle d'oca: ho avvertito in me il cambiamento". Il numero delle persone aumenta allo stesso ritmo del buzz nei forum e nelle classifiche di gradimento. Nasce così lo zoccolo duro dei fan.

Esiste uno spazio per chi vuole farsi largo. Non c'è dubbio la decantata gavetta serva eccome. "Qualche perplessità invece viene nutrita a riguardo della novità di questo percorso di iniziazione: davvero è così nuovo?", si domanda Carl Fath. "A me sembra che sia in voga

dai tempi di Beethoven, a suo tempo allievo di Mozart".
Ralf: "Il concetto di apprendistato ha una sua nobiltà.
Temo, però, che quello di gavetta, sia piuttosto in disuso.
Tutti vogliono tutto subito e pochi tollerano il fatto che
prima che le cose comincino a girare per il verso giusto tocca fare un sacco di sacrifici, dare tante capocciate,
subire sgambetti, fare sonori capitomboli, rialzarsi e,
caparbiamente, continuare a seguire il proprio sogno".
Sicuramente assistere delle star della console non fa altro
che dare solide basi e un grande bagaglio di esperienza ai
giovani desiderosi di emergere.

LE SCUOLE PER DJ

Un buon corso per dj consolida le basi per poter intraprendere un cammino in modo autonomo nel mondo del clubbing. Non sempre. Ma a volte è così. Pratica ed esperienza fanno il resto. C'è in fondo un vuoto formativo, in giro. Non ci sono luoghi fisici dove poter condividere pensieri ed esperienze, con la scomparsa di buona parte dei negozi di dischi.

Ciò che da sempre contraddistingue il dj professionista è la maniacale ricerca di musica, di suoni, il collezionismo. La musica come mezzo di espressione, la tecnologia come mezzo per esprimerla. La tecnologia sta facendo passi da gigante nel mondo del djing

In Italia

In Italia il fenomeno del djing aumenta a dismisura. In alcuni paese evoluti la categoria invece mantiene la sua stabilità. È un lavoro, un'arte, una passione alla portata di tutti. La strumentazione è di facile da usare e accessibile dai più. Ma non conviene smettere. Anzi, conviene provarci, ogni giorno. Occorre tuttavia unicità, per sfondare. Personalità, carisma, gusto e attenzione a ogni dettaglio. Le produzioni non sono più one-shot per realizzare soldi facili: sono il biglietto da visita da presentare a chi non ti conosce, da postare nei social, per dire "ci sono, sono presente, io esisto". Se mi hai visto a quella kermesse, all'estero, dove tutti si incontrano, significa che qualcosa valgo. Invece no: altra illusione. Parla la musica: da lì viene fuori l'unicità. Se sino alla scomparsa del giradischi come mezzo standard l'obiettivo era di realizzare un buon mix, oggi tutto il concetto è ribaltato: si parte dall'ottimo mix e si investe sul valore aggiunto. Nella concorrenza, nel settore, mai come ora nulla viene lasciato al caso. L'evoluzione è costante. La troppa tecnologia aiuta. Ma illude anche. Si è, almeno durante i primi passi, gocce in un infinito oceano.

Passione, grinta e determinazione sono gli ingredienti necessari per distinguersi dalla spietata concorrenza. Le scuole per (diventare) dj sono fondamentali non solo per approfondire in modo professionale e rapido l'arte del djing ma sono l'unico e nuovo ritrovo in cui imparare e condividere pensieri, didattica, trucchi del mestiere ed esperienze. Soprattutto con l'inesorabile scomparsa dei negozi di dischi e con gli addetti ai lavori riposizionati in ruoli da insegnanti.

Una scuola deve diffondere la conoscenza musicale sulle strumentazioni più utilizzate, i principi basilari del mixaggio, gli aspetti musicali e i rapporti professionali e umani da tenere con gli addetti ai lavori (pr, imprenditori, gestori di locali e altri) che ruotano nel mondo della notte e non solo. Senza dimenticare gli aspetti burocratici come la contrattualistica (nelle prestazioni come dj e nella discografia in veste di produttori) e le regolamentazioni dettate da istituzioni come Siae ed Enpals.

Lezioni classiche e workshop si alternano ovunque.

Soprattutto alla capitolina DJ School. Fermata metrò Flaminio, Linea A: nella struttura dello storico negozio (1976) Goodymusic di Claudio Donato dodici anni fa ha preso forma un scuola con lo scopo di formare dj professionisti. Qui si scoprono i segreti del mixaggio e tutto quello che è necessario per diventare un vero dj: la collaborazione di prestigiosi professionisti del settore. Turntablism, scratch, tecniche, nozioni musicali, uso degli effetti, delle nuove attrezzature, corsi di Ableton, Logic, Traktor e Serato Scratch Live, dj producer e tecnico del suono. Chi vive a Roma frequenta la DJ School.

Un salto a Milano, dove le scuole per dj imperversano. Lo scopo di Recreative 12 da tre anni è di colmare il vuoto formativo del settore permettendo così la creazione di una comunità di professionisti di livello avanzato da proporre sul mercato internazionale attraverso progetti mirati. "Selezioniamo dai corsi i ragazzi più bravi, che dimostrano impegno e dedizione, e creiamo a loro delle opportunità attraverso la partecipazione a iniziative, festival, eventi", illustra Marco Sanseverino. I sacrifici sono tanti, per diventare un vero dj. "I nostri docenti sono stati scelti tra i migliori professionisti ed endorser delle aziende di settore". Dallo scorso anno è stato introdotto il corso "DJ Producer Master Program", che "nel suo percorso didattico racchiude differenti materie utili per una formazione completa". Sanseverino crede che senza una cultura e una base adeguata "non vi sia futuro in questo mondo già saturo di personaggi arrangiati".

Il dj Maurizio Murano, noto ai più come DJ Bum Bum, ideatore di International DeeJay School, tiene corsi per dj e dj producer. E dice: "Utilizziamo tutte le tecnologie messe a disposizione per il dj, dai vinili (e in vinyl mode con i cd player), ai cd player veri e propri, passando dai PC ai controller". I corsi sono a numero chiuso, al fine di poter agevolare l'apprendimento dei candidati, sono aperti a tutti senza limiti di sesso e di età.

Dave Pagani è in realtà il dj specializzato in trance Yves De Lacroix, insegnante presso il NAM, Nuova Audio Musicmedia. Qui i corsi sono studiati per fornire allo studente stesso le tecniche iniziali relative alla consolle, all'uso dei giradischi, dei lettori cd e del mixer.

Lo scopo è portare lo studente alle prime esperienze dal vivo, in serate nei locali e discoteche. Al termine del corso base l'alunno potrà scegliere se accedere, previo colloquio, al corso professionale "DJ Music Producer" o al corso di "Fonico di Studio di Registrazione".

Associata ad alcuni dei brand più importanti del settore come RockSchooll, Apple, Steinberg e Pioneer, A&M Academy, la nuova accademia musicale di Bruno Oggioni, offre ai propri studenti una formazione artistica completa ed esclusiva tramite l'utilizzo di tecnologie all'avanguardia, contando su un team di docenti con esperienza ventennale, in un ambiente nuovo, professionale e stimolante.

Le lezioni vengono infatti svolte all'interno degli incredibili A&M Studios con il supporto dell'etichetta A&M Recording.

A Firenze, Maurizio Iamartino dell'Accademia Italiana DJ tiene le lezioni all'interno delle discoteche. Dopo dodici stagioni di attività verrà introdotto anche il corso per produttore in tutte le sedi italiane. A Napoli NuT Academy conta sull'Empro per Produttori di Musica Elettronica. Riprendono anche tutti i corsi bimestrali su software e tecniche di produzione. NuT (che si occupa di Nuove Tecnologie) è in continuo aggiornamento, sia nei contenuti didattici sia nella strumentazione.

All'estero

La School of Sound Recording di Michael Greig, a Manchester ma con rappresentanze in Asia, ha siglato un deal con la University of Lancashire per un triennio e ciò renderà laureati i propri allievi. I costi? Settemila euro annuali. Ma anche illustri atenei come il Berklee College of Music si sono gettati nel business. Inoltre, Armada, Point Blank Music School (www. pointblanklondon. com), DJ Mag UK e Google+ hanno dato il via ad Academy of Electronic Music (www. academyofelectronicmusic. com), la prima accademia on-line orientata al mondo dei social network che dà agli aspiranti produttori musicali e ai dj la possibilità di condividere i migliori brani realizzati, e ottenere feedback da colleghi, esperti del settore e dai loro dj e produttori preferiti.

Attenzione al proprio set-up. Perché, come dice il dj di Las Vegas Presto One dalla sua scuola (www. presto-one. com), a volte ci si ritrova durante una serata a non conoscere bene la strumentazione perché si ha studiato su differenti apparecchiature. La migliore scuola per dj di sempre? Secondo diversi sondaggi è a New York: la Dubspot (www. dubspot. com) ha anche un campus a Los Angeles.

Ma anche a Melbourne, in Australia, non scherzano: la Electronic Music Academy (www. electronicmusicacademy. com. au) a livello tecnico è avanzatissima e i suoi docenti molto competenti in materia. Senza contare l'Accademia Italiana DJ che in lingua spagnola ha aperto a Ibiza e in quella portoghese a Rio de Janeiro presso il resort Rakenne Itajaì, nello stato di Santa Caterina.

Fondamentale per molti la Herman Brood Academie di Utrecht, in Olanda (www. hermanbroodacademie. nl), scuola da cui è uscito Martin Garrix. In Israele invece s'impara al BPM College (www. bpm-music. com), che conta su oltre 700 studenti all'anno.

Un'università a tutti gli effetti fondata nel 2003 da Idan Huna e Yariv Etzion. Ubicato a Tel Aviv, è l'unico centro di formazione autorizzato in Medio Oriente per Apple, Steinberg, Waves e Ableton. "Le nostre strutture vantano due laboratori informatici, uno per Pc e uno per Mac, inoltre quattro studi di registrazione con sale di ripresa aperti sino a mezzanotte", spiega Etzion. Due le sale prova per musica dal vivo. Un terrazzo offre una splendida vista sul mare. "I nostri insegnanti sono figure di spicco nel settore della musica e possono contare su una ricca esperienza pratica e teorica in fatto di insegnamento. La struttura conta anche su laboratori di informatica e sale di editing".

In Israele s'impara con il BPM College.

BPM College è la musica del domani che nasce grazie a una scuola in Israele. Oltre 700 studenti all'anno si danno appuntamento tra i banchi del BPM College, un'università a tutti gli effetti fondata nel 2003 da Idan Huna e Yariv Etzion con l'obiettivo di diffondere nel miglior modo possibile la conoscenza del mondo del clubbing e del djing grazie alla formazione per produttori, musicisti e ingegneri del suono. L'istituto offre brevi corsi e programmi completi di teoria musicale, sound design e ingegneria del suono, oltreché produzione musicale, post produzione, dj & live act. È insomma l'unico centro di formazione autorizzato in Israele per Apple, Steinberg, Waves & Ableton Live.

La scuola è ubicata a Tel Aviv, centro nevralgico principale dell'industria musicale in Israele. "Le nostre strutture vantano due laboratori informatici, uno per Pc e uno per Mac, inoltre quattro studi di registrazione con sale di ripresa aperti sino a mezzanotte", spiega Yariv Etzion. Vi sono inoltre delle sale prova per musica dal vivo e un terrazzo che offre una splendida vista sul mare. "I nostri insegnanti sono figure di spicco nel settore della musica e possono contare su una ricca esperienza pratica e teorica in fatto di insegnamento".

Il metodo combina lezioni classiche e workshop. L'ambiente di studio e di produzione permettono di creare da zero una produzione, per arrivare anche al prodotto finito. "La struttura comprende anche dei laboratori di informatica e sale di editing".

I passi nella scuola
- breve conoscenza musicale
- strumentazione e settaggio della consolle
- uso della strumentazione per mixare i brani (piatti e lettori cd professionali)
- principi base del mixaggio tra due dischi
- studio dei tempi, delle battute e della ritmica
- i bpm: la loro importanza e i metodi di calcolo
- struttura di un brano nei diversi generi musicali (intro, strofa, inciso, break)
- criteri di selezione dei brani musicali in relazione alle diverse esigenze
- come gestire musicalmente una serata
- il DJ in discoteca: regole generali, principi fondamentali, etica professionale
- il DJ con il computer, come registrare un disco ed editarlo con il Pc
- breve appendice finale dedicata alle funzioni Siae ed Enpals.

DON'T BE A COPYCAT

La nuova musica da discoteca è basata sulla copia, sul campionamento. Con la parola plagio, nel diritto d'autore, ci si riferisce all'appropriazione, tramite copia totale o parziale, della paternità di un'opera dell'ingegno altrui.

Ma qual è la situazione in Italia? Ce la spiega l'avvocato Giorgio Tramacere.

Cos'è il plagio musicale?

"Nel nostro ordinamento il termine plagio non trova una precisa definizione legislativa. Il plagio comunque si può definire come la riproduzione, totale o parziale, di un'opera da parte di un autore, che fa passare per propria un'opera frutto del lavoro altrui.

In altre parole, il plagio consiste nella riproduzione abusiva di un'opera scritta da altri, o meglio, nell'usurpazione della paternità dell'opera altrui, che viene vantata come propria e originale, sfruttandola economicamente. Perché vi sia plagio è necessario quindi anche lo sfruttamento economico, cioè l'immissione sul mercato dell'opera abusiva.

Il plagio in pratica si manifesta quando l'opera abusiva suscita nell'ascoltatore le medesime emozioni dell'o-

pera originale". Tra le canzoni simili quale è il confine
che stabilisce se c'è plagio o no? I metodi sono diversi...

LA PRODUZIONE

La produzione di un brano musicale

Non è il sound, non è la ritmica, a fare la differenza. Ciò che ha vinto, vince e vincerà per sempre è l'idea. E non ci sono idee eccezionali, in circolazione. Ci sono idee mediocri con sound mediocri. Tutto è stato inventato. Ci si può solo reinventare, appellandosi alla teoria della ciclicità. Rimettere in discussione il passato per le generazioni future. È una grande responsabilità ma tanti ne sono incoscienti.

Tutti desiderano produrre un disco. E tutti sanno che non è per nulla facile farlo. Tuttavia, niente è impossibile. Chi vuole intraprendere questo hobby, o professione, nel settore della dance music, è ovviamente più avvantaggiato di chi percorre la via che porta al rock, gente che necessita di sale prova ben insonorizzate. I dance adept avranno invece a che fare con delle silent machinery, macchinari silenziosi. Per produrre un disco, comunque, occorre un minimo di preparazione musicale, un buon orecchio e una minima conoscenza delle sonorità e dello stile che contraddistingue i vari generi da discoteca. Occorre un investimento economico e molta passione. "Once up on a time, all music was played. Now it's sequenced". Ovvero: negli anni passati la musica veniva suonata. Ora viene sequenziata.

Ogni dj, e non solo, desidera produrre un brano. Vogliamo rendere la vita facile a tutti, 'stavolta. E nonostante oggi dire "facciamo un disco" sia un parolone - data la sparizione del supporto fisico -, resta ben radicato il grande desiderio. Il leggendario gruppo inglese dei KLF, con lo pseudonimo The Timelords, nel dicembre dell'88 spiazzò tutti con "The Manual", una pubblicazione atta a spiegare ad aspiranti producer la via meno irta e più veloce, economica e sicura per mettere in piedi un disco di successo. Il volume, ora introvabile, può essere rimpiazzato da quello che avete tra le mani, speriamo.

Il punto focale a questo punto è che la crisi discografica non coincide con quella delle idee, si è creato un mare di realizzazioni, una quotidiana ondata di neoproduttori e una cascata incontenibile di mp3. Gocce in mezzo all'oceano.

Ma che tipo di progetti cercano le etichette? Le major cercano soprattutto progetti che possano fare il cosiddetto crossover, quindi non rimanere di nicchia ma allargarsi ad un pubblico più vasto. Il lavoro nella maggioranza dei casi non è in competizione con le altre etichette interpellate, per una major, anzi: con alcune in particolare c'è un evidente rapporto di collaborazione, che consente di ottimizzare le competenze e punti di forza e far crescere le carriere degli artisti. Il versante club mantiene comunque sempre un posto importante nelle nostre scelte, con la differenza rispetto al passato che l'originalità di un progetto club deve essere spiccata in quanto oggi è molto più difficile colpite il mercato con qualcosa di underground.

Servono progetti completi, con cantanti veri e non

più solo turnisti, con musicisti, con produttori capaci e con investimenti seri (che non vuol dire per forza dispendiosi): poi, video promozionali per i vari social media che possano essere dei trailer per il vero e proprio videoclip del brano, viral marketing e nuove formule di promozione.

L'artista e il produttore devono avere una conoscenza più completa possibile del mercato discografico e una certa consapevolezza delle proprie capacità direzionando la propria produzione musicale verso caratteristiche mirate ed efficaci. Sicuramente, la qualità artistica deve essere particolare e oggi con le nuove tecnologie è facile intuire le direzioni. Una bella melodia, orecchiabile e con suoni attuali, e una struttura intelligente per essere in linea con quello che circola.

Con i nuovi plug-in c'è talmente una varietà di opzioni… Il suono, come il cibo, deve essere di qualità superiore.

Il supporto fisico non è più decisivo. Molte etichette optano solo per la vendita del digitale. Il digitale è il futuro affermatosi nel presente. Malgrado l'incoraggiante crescita degli ultimi anni, allo stato attuale delle cose non genera ancora introiti sufficienti a giustificare la totale assenza del supporto fisico. Il prodotto fisico serve comunque in questa fase solo come veicolo promozionale: le vendite o gli incassi (ad esempio quelli derivanti dallo streaming audio/video, in qualsiasi sua forma) sono fattibili solo in digitale. Quando si entra in uno store o in un social network di solito si sa già quello che si vuole, quindi la ricerca è mirata, difficile che un utente cerchi le novità in genere, perché per quelle si affida al consiglio dei vari e-store e media.

Se il brano viene presentato nelle sedi giuste, bene. Facebook, comunque, ad esempio, non è la sede appropriata, almeno per quanto riguarda le label italiane.

La capacità di distinguersi nel suono e nell'immagine è una caratteristica ricercata. I top dj sono quelli che non hanno paura di cambiare, di evolversi, di fare scelte che a volte possono comportare la delusione di alcuni. Ma allo stesso tempo sono scelte che consentono la crescita. Le intuizioni giuste per creare dei filoni musicali che altri possano seguire di conseguenza, fanno la differenza. Non è facile trovarne, ma tutti sono con le orecchie aperte.

FARE E PRESENTARE UN PROGETTO MUSICALE

Il prima…

1) Meglio un file mp3 inviato con un link (Sendspace e similari): nel pacchetto finale integrare almeno altre 2-3 versioni/remix

2) Allegare una breve presentazione dell'artista o del dj stesso e suggerire una copertina se non ne verrà utilizzata una generica

3) Corredare il file musicale di una Label Copy in cui sono riportati (titolo, artista, autori, compositori, suddivisioni pattuite con autori e compositori, numero posizione Siae di ogni autore e compositore, domicilio di ogni autore e compositore, data e luogo di nascita, codice fiscale, eventuali edizioni), spartito musicale e testo di un eventuale canzone.

4) Concordare con collaboratori e casa discografica data e modalità del deposito del Bollettino Mod. 112 Siae

…e il dopo

1) Si analizza il progetto artisticamente parlandone

anche con il produttore (massimo quattro settimane).

2) Nel caso, si arricchisce la release con dei remix.

3) Si dà un'anteprima esclusiva a Beatport di circa quattro settimane (in seguito i file sono venduti su Juno e Djtunes e altri); contemporaneamente parte la promo con le radio.

4) Successivamente, si vende il progetto sui portali generalisti (come iTunes).

5) Nel caso si registrasse un buon esito, si stampa il cd singolo (tempo: due settimane) e si integra il progetto nelle compilation.

6) Si propone come licenza esclusiva (e non) all'estero.

Segreti e tempi per un brano di successo

Deve esserci "la canzone", che deve trasmettere emozioni: sembra facile a dirsi ma è davvero difficile da farsi. Le strutture dei brani devono essere semplici, immediate senza chissà quale altra invenzione, intro (breve), strofa, inciso, strofa, ponte, inciso ed eventualmente l'outro (o detto ending, anch'esso molto corto). Tempo massimo: meno di quattro minuti e devi aver… "detto" tutto.

Via allora a *Formazione del Team artistico*

Il gruppo affiatato, e unito da un credo comune, deve avere uno specifico interesse per un ben definito genere e guardare molto avanti. L'ideale è che ognuno copra un ruolo ben preciso, avendo però la capacità di portare avanti il lavoro di chi potrebbe assentarsi. Il gruppo può essere composto da un coordinatore di produzione, un musicista, un disc jockey ed un fonico.

Il coordinatore di produzione, confidandosi con i restanti colleghi, è colui che segue l'iter di un prodotto: dialoga spesso con il dj per essere informato su le tendenze del momento, ascolta molti programmi radiofonici e spesso frequenta le discoteche per seguire nei minimi dettagli i gusti della gente e il trend notturno.

Al musicista spetta l'arduo compito di eseguire, arrangiare e comporre il brano in questione. Brano con una melodia nata magari sotto la doccia, con lo spunto di un riff preso da qualche gruppo pop, un groove campionato.

Il fonico, mette mano agli effetti, all'editing del computer e soprattutto al mixer. Lavoro di squadra. Ma c'è chi, da solo, ha fatto grandi hit.

Si passa a *Ricerca degli Strumenti*

Un minimo di preparazione musicale e tante idee: la dance si fa così. Niente strumenti live, per iniziare. Sì invece agli strumenti elettronici, preferibilmente Midi, compatibili e intercomunicabili tra essi.

Nel contempo, tre sono le vie per investire denaro: allestire un vero e proprio studio; acquistare il minimo indispensabile per produrre provini casalinghi; optare per una workstation, tastiera con dispositivo di sequencer, una gamma di suoni e, raramente, un campionatore. In ogni caso, il materiale necessario è il seguente: un ottimo computer, cuore dello studio (anni fa si usava l'Atari ST 1040, oggi si utilizzano Macintosh oppure Pc con programmi vari di sequencer, Cubase, Logic, StudioOne, ProTools), più schermi (monitor), per controllare meglio livelli di missaggio e sequenza;

una tastiera, usata come master-keyboard per suonare anche parti di sorgenti sonore esterne; un generatore di toni (expander Yamaha, Quasimidi, Waldorf, E-Mu, Clavia o Roland); ed effetti vari come compressori, noise-gate, equalizzatori (outboards) che creano ambientazioni, ritardi, echi; dei diffusori (prima c'era lo standard Yamaha Ns-10 ora molti vanno sulle KRK).

Pronti per la Realizzazione del Brano

Fuori le idee, anche nascoste in cover, e attenzione ai campionamenti. La nuova legge, in vigore dai primi mesi del 1995 e che proibisce il prelevamento di parti sonore già appartenenti ad altri brani editati, responsabilizza penalmente e non più civilmente coloro che hanno compiuto l'incauto gesto. Meglio creare ex novo una vera canzone. Si miscelino anche generi dance diversi, come techno, house, e anche più pop come raggae, batucada, jazz, metal. Dopo aver assegnato un nome al file del computer, si strimpellino le prime note e si passi alla ricerca dell'accordo, del riff (della frase di pianoforte, chitarra, synth). Se non si usa un sample (campionamento) vocale o se non si ha a disposizione una cantante, la linea melodica verrà suonata su una base, in attesa di una interpretazione finale. La melodia è composta da un cantato (strofa), un ponte e un inciso (ritornello, refrain, parte trascinante e orecchiabile della melodia).

Il testo viene scritto e depositato alla Siae tramite uno speciale bollettino. La cantante firmi una "liberatoria", una scrittura privata attraverso la quale si assicurerà una retribuzione e\o una percentuale sulle vendite. Per la base, assegnare i bpm (che contraddistinguono la velocità) e iniziare a creare una parte, cioè un pattern composto minimo da quattro o massimo otto battute (16 battiti o 32 battiti).

Ogni battuta è composta da quattro battiti (i classici quattro quarti: 4/4). Si registri e quantizzi la cassa (campionata magari da un disco) assegnandole una traccia del computer, la si riproduca con la funzione di ciclo (loop) facendo seguire hi-hat aperto (open), groove di percussioni (bonghi e altro prelevati solitamente da un disco), rullante (snare), crash (che annuncia o inizia delle aperture). Il groove potrebbe essere fuori tempo.

Per far sì che si inserisca appieno nella parte ritmica bisogna operare con la funzione di time stretching.

La velocità di partenza viene divisa per velocità di destinazione, il risultato dovrà essere moltiplicato per cento. Ad esempio, per portare un sample da 118 a 127 si calcola con la seguente operazione, cioè 118 : 127 X 100 = percentuale di time stretching. Invece, il suono di basso può essere identico a quello vero o provenire direttamente da un synth (generatore di toni). Il basso specifica ogni genere musicale.

Il risultato sarà quello di avere un certo minutaggio di canzone, arrangiata prima che si entri in fase di stesura. Prima di comporre dei break (zone di sola ritmica e decisive per disc jockey in fase di missaggio in discoteca), si crei una fase introduttiva (intro) che agevoli l'ingresso al brano.

Suonate le parti (violini, sequencer o altro), si controllino velocity (volume) e trasposizione (tonalità) di ogni suono, senza dimenticare la parte ritmica, perchè è questa che alla fine traina il tutto, e quindi non va sottovalutata.

La struttura del brano (dai 4 minuti per una Radio a 10 minuti per la versione club) sarà pertanto composta da intro, riff vari, parti melodiche e break che si susseguiranno a rotazione.

La dub è ricca di parti strumentali e giochi di sample vocali. Tutti i dati in possesso verranno così salvati su dischetti da tre pollici e mezzo. Per evitare altre spese, si provi a proporre una coproduzione con uno studio di registrazione professionale. In fase di missaggio, momento in cui si miscelano i suoni che verranno uniti con il mixdown.

Burocrazia e dintorni

Master alla mano, si cerchi chi è disposto a stampare, distribuire e promuove il brano. Sconsigliato bussare alla porta della multinazionale.

Meglio affidarsi ad una indipendente seria, magari specializzata in un genere, evitando di chiedere subito un anticipo (advance); firmando un contratto di produzione ma facendo attenzione alle parti riservate agli autori e agli editori e alle somme e alle percentuali pattuite (royalties e spese varie).

SI ARRIVA ALLA PUBBLICAZIONE

Il master è pronto per il transfer in caso di stampa di vinile o di galvanica in caso di realizzazione di un cd. Per il vinile, verrà studiata e realizzata una label, ovvero il centrino del mix, e la copertina se necessario. Per fare questo sono necessari i credits, informazioni riguardanti il brano in questione: titolo, artista, numero di catalogo, autori, versioni con relativa durata, nomi dei produttori, dei compositori, degli arrangiatori, nome dello studio e località dove esso è ubicato, e ringraziamenti. Nel contempo si fa conoscenza dell'organizzazione interna della casa discografica.

L'etichetta discografica, o la casa discografica, è semplicemente un marchio commerciale creato da società specializzate in produzione, distribuzione e promozione musicale per diversi formati.

Le etichette discografiche si dividono sostanzialmente in tre categorie:

Le major: legate alle multinazionali e che detengono gran parte del mercato musicale mondiale.

Le indipendenti, che si autoproducono e si promuovono inserendo i propri prodotti, slegandoli a volte dai circuiti tradizionali.

Le vanity label fondate e gestite da singoli artisti e utili per avere un certo grado di libertà espressiva. (Wikipedia)

Rispetto per il grande capo, il proprietario, solitamente agitatissimo e speranzoso che qualcuno gli porti la hit del secolo; l'A&R è colui che, con la consulenza del label manager, ascolta i brani e decide se sia il caso o meno di stamparli; l'export manager gestisce il magazzino dal quale poi vengono spediti, per ogni parte del mondo, i dischi non ancora licenziati; l'international manager, esperto in lingue straniere, ha contatti con le company straniere alle quali cede l'esclusiva del brano; il grafico cura l'immagine di copertine, etichette, manifesti e materiale istituzionale della stessa records company; il promoter contatta radio, televisioni e riviste del settore per la promozione, la comunicazione, l'informazione concernente brani e artisti; il publishing director organizza la parte editoriale e rimane in perenne contatto con Siae e relative associazioni. Facile che a volte ci sia anche l'esperto di marketing, che segue merchandising o fans club.

Il paradiso può attendere…

Dopo essersi formato, cercato gli strumenti, realizzato la produzione, risolto la parte contrattuale, pertanto indirettamente pubblicato, distribuito, promozionato e licenziato il brano, il gruppo trova davanti a sè due strade da percorrere: la prima, dell'attesa infinita sull'esito della produzione, seguita da nessuno, e di seguito quella che porta i nostri a tornare immediatamente al lavoro su una nuova idea. Si cercherà di conoscere il corso dell'ultima produzione tenendosi in contatto con la stessa casa discografica riservando le energie per realizzare nel migliore dei modi il brano successivo. Di questo passo, producendo pezzi su pezzi, dimenticandosi anche della prima volta in cui si è entrati in uno studio o si è preso in mano il proprio disco, cercando nuove idee per un probabile successo. Monotona per certi versi e pazza per altri. Il solito studio, le solite tastiere e le solite facce. Il contenitore spesso non cambia. I generi si rincorrono come le lancette dell'orologio. Ma è il contenuto che si trasforma. Questa è la vita di un produttore discografico dance.

LE 18 REGOLE

Il discografico Andrea Corelli nel 2015 ha pubblicato un e-book molto interessante in merito: "How To Get Signed", qualcosa che sta a cavallo tra un manuale e un saggio utile per capire come districarsi nel mondo della discografia e della relativa contrattualistica.

Corelli identifica le seguenti diciotto regole:

- Costruire un database
- Essere in target
- Essere gentile
- Essere realista
- Scrivere alla persona giusta
- Provare la strada delle conoscenze attraverso i social network
- Cercare di incontrare i professionisti nella vita reale
- Netiquette e. . . lavorare sulla qualità e non la quantità
- Essere concisi
- Non dimenticare le informazioni essenziali
- Evitare l'uso di musica di proprietà di terzi
- Invia produzioni definitive

- Esseri precisi
- Leggere con attenzione ogni dettaglio
- Lavorare sulla propria crescita
- Costruire un rapporto professionale
- Pazientare
- Non arrendersi

PUBBLICARE: LE NUOVE TECNOLOGIE

I sette passi per realizzare e pubblicare un brano oggi:

1. Navigare tra siti anche di note case discografiche, se privi di idee sulla produzione.

2. Iniziare a scaricare dalla Rete (da siti tipo Samplenet) i suoni (e parti vocali) che più ci piacciono, sempre facendo attenzione a qualità e versatilità (Mp3, Aif, Wave).

3. Editare (quindi tagliare), ottimizzare i suoni con programmi appositi, ad esempio Soundforge o Wavelabl per chi usa Pc.

4. Montare, strutturare e stesurare i suoni grazie griglie e sequencer Midi che permettano anche la gestione di file audio, per poi trattarli come in uno studio di registrazione con effetti e livelli di volume; indi realizzare un mixato.

5. Confezionare il brano corredandolo di almeno un paio di versioni, una copertina indicativa e accompagnato da credits (informazioni dettagliate su di esso:

durata, artista, titolo, produttori e altro).

6. Inviarlo via e-mail all'attenzione di case discografiche o siti di scouting in formato Mp3 (leggero, non intasa) o per posta come audio in cd-r, altrimenti sottoporlo personalmente a qualche professionista del settore.

7. Se accettato, regolarizzare la propria posizione con un contratto, in attesa che venga pubblicato, promosso e distribuito da società specializzate.

IL NUOVO ARTISTA

L'industria musicale non è più la stessa, o almeno come poteva esserlo alla fine degli anni Ottanta. Oggi gli artisti possono seguire la propria carriera nella massima indipendenza, senza l'aiuto di grandi etichette discografiche.

La nuova industria musicale ruota intorno all'artista stesso, che è il protagonista assoluto e indiscutibile. Oggi è possibile scrivere la propria musica, registrarla, distribuirla direttamente ai fan, pianificare tour, gestire e collegarsi con la propria fanbase creando da soli le proprie strategie di marketing. Questa possibilità apre una vasta gamma di opportunità per tutti. Chiunque può avere successo se ha estro, visione, dedizione e perseveranza.

Il primo passo è dedicarsi ai social media e alla distribuzione digitale, oltre che ai tour e alla gestione del budget. Non esiste una bacchetta magica, per intraprendere la propria ascesa. Tuttavia, si deve identificare il potenziale e da questo convogliarlo in più flussi. Per avere successo in questo settore occorre tanta costanza, parecchia passione, alzando sempre più l'asticella per nuove sfide, uscendo dai canoni artistici e vagliando sempre le più importanti e decisive strategie. Migliaia di musicisti inconsciamente stanno adottando più tattiche. La chiave di volta è quella di sfruttare la creatività in modo da personalizzare la propria carriera. Il nuovo modello economico globale ha spinto il mondo della musica a nuovi orizzonti

Le etichette discografiche, soprattutto le multinazionali, da protagoniste sono diventate società al servizio di nuovi "one man band" (o "one man brand") pensate per utilizzare e investire in modo oculato sullo sviluppo dell'artista, utilizzando nuove vie del marketing e della distribuzione. Oggi solo una popstar abituata a frequentare i piani delle classifiche nonostante tutto può giustificare esosi investimenti.

Le etichette discografiche non hanno più abbastanza proventi dalla vendita della musica registrata, per coprire le loro spese di promozione. Le aziende sono cambiate: oggi sono a caccia del business facile e della superstar che può vendere milioni di brani in grande in fretta. I fan non vanno più nei negozio di dischi per cercare e acquistare nuova musica. Molti fan non posseggono neppure della musica ma ne usufruiscono con facile accesso e a basso costo grazie allo streaming. I fan di tutto il mondo possono, quando lo desiderano, approfondire la conoscenza sulla personalità del dj, del produutore o del cantante preferito grazie ai social. Internet dà la possibilità a tutti e in modo democratico, bypassando tutte le regole valide sino a una ventina di anni fa. Tutto è accessibile, ora, dagli artisti di medio spessore ai progetti maggiormente di nicchia, per arrivare al genere più amato.

Il modello odierno non avrebbe certo funzionato in passato, quando la tecnologia era legata a connessioni lente e costose. Se si vuole avere successo in questo settore, è necessario considerare tutte le entrate possibili e lavorare con sforzo coordinato.

La propria creatività è alla base di tutto: sta a monte

quando i risultati stanno a valle. Bisogna essere coscienti che innovare è basilare, così come pensare fuori dagli schemi. L'artista è collegato direttamente ai propri fan attraverso la Rete e raccogliere da questi, grazie ad attività di crowdfunding, i soldi in modo diretto. Nel nuovo modello di industria musicale, l'artista è al centro dell'ecosistema. Può controllare il business, il diritto d'autore, la propria immagine, il booking e la promozione. Invece di firmare per una grande etichetta e per la ricezione di un anticipo royalties, contratta i servizi a lui stesso realmente necessari. Nelle prime fasi della carriera, quando non si dispone di una etichetta o di un editore, i passi sono delicati e le possibilità di guadagno infinite. Gli artisti e gli autori di successo in futuro saranno sempre più indipendenti e smaniosi di rimanere tali, come in un perenne coworking. Si è fautori della propria impresa.

Tutto parte da un prodotto o da un'idea (in questo caso, la musica), che deve contraddistinguersi dalla massa. I fan sono tracciabili oggi grazie a strumenti come Google Analytics, Facebook, Twitter, o altri canali social. Le informazioni sono veicolabili in più modi. Non si tratta più di quanto spendere bensì come investire il proprio budget riservato alla promozione. Molti artisti, per generare traffico e destare interesse, rilasciano tracce in free download, e questo per fidelizzare e incrementare sempre più la propria fan base. In questo caso la condivisione del materiale tra gli stessi fan è determinante perché collima con le attività virali, spesso prive di pianificazioni e invece basate sulle variabili. Un guru di questa pratica è deadmau5, attivissimo su Twitter e spesso generoso nel postare sul proprio account di Soundcloud demo, brani abbozzati, e su YouTube filmati che spaziano nella sperimentazione nata all'interno di studi di registrazione.

La costituzione di un team potrebbe essere un passo

indovinato da parte dell'artista. Ogni imprenditore in fondo annovera una propria squadra. Pensare ad amici e conoscenti non è un'idea malsana, magari tra questi possono esserci validi partner professionali con capacità inespresse disposti a percorrere nuove strade lavorative intensificando rapporti con nuove figure di nuovi settori. Tra questi può nascondersi un imprenditore, o spesso un delegato, spesso appassionato di ciò che fa, lesto a relazionarsi col mondo e a gestire un'impresa attraverso una piattaforma in grado di integrare un sito web, dei social media, marketing, una sezione merchandising e una finanziaria oltreché distributiva. Ogni azienda ha un collettivo in crescita, dietro al quale c'è l'effige di un preciso marchio: un microcosmo in espansione con al centro un'idea di partenza: della produzione a livello assoluto.

L'industria musicale dal vivo è la cassa di risonanza odierna, una grande fonte di reddito per molti del settore. Molti artisti fanno più soldi durante i tour suonando dal vivo che quanto non facciano dalle proprie registrazioni. In controtendenza con il declino della musica registrata monetizzata grazie al digitale e al fisico, i ricavi dell'esibizioni dal vivo sono in costante aumento negli ultimi anni.

Dopo la realtà obsoleta di dischi in vinile e cd, il digitale ha spalancato un mondo creando una nuova esigenza in fatto di musica liquida, vivibile grazie ai live, che danno la possibilità di esprimersi ampiamente e liberamente senza essere ingabbiati nei tradizionali canoni discografici. Nel live poi il feedback è immediato. In questo caso la figura di agenti, booking manager, organizzatori di eventi e promoter è fondamentale. Un'esibizione live tra l'altro potrebbe migliorare l'interazione con i fan, dare vita a una serie di uscite discografiche incise nei luoghi della tournée stessa, migliorare il bilancio, geolocalizzare e profilare i fan, incentivare la comunicazione, ottimizzare lo status nel b2b. Lo sfruttamento del copyright, anche nel caso della riproduzione dei brani in catalogo, grazie al live viene rispettato appieno, in modo da trarne un enorme e addizionale profitto. I copyright sono due: quello relativo alla composizione (trattato dalla casa editrice) e quello relativo alla registrazione (trattato dalla casa discografica). Tali diritti vanno regolarizzati con due distinti contratti (per gestire i vari sfruttamenti).

È compito dell'etichetta discografica, questo, che riserva all'artista una royalty su ogni brano (singolo o contenuto in un album) venduto. Molte etichette indipendenti, tra l'altro, sono focalizzate su una nicchia o un genere specifico e questo è positivo per consolidare la credibilità di un artista. Nonostante queste non abbiano il potere di contrattazione con le major, possono fare leva sulla propria velocità (grazie alla precisa dimensione). I tipi di accordo sono innumerevoli. Quando agli artisti è riservato un tasso di royalty elevato, i controlli saranno più approfonditi, le richieste più intense e le deduzioni minori.

E DIVENTO DJ

Esistono già, come è stato sottolineato in partenza, i miti, come Albertino, Molella, Coccoluto, Benassi, Picotto, Fargetta o Provenzano: c'è l'imbarazzo della scelta. E scoppia la voglia. C'è chi ha iniziato "portando la valigetta all'amico", chi trovava altre alternative. Per tutti, comunque, occorre solo "tanto buon allenamento", senza scordare "tanta creatività". Molta pratica, quindi. E la teoria? A scuola, ovvio.

Chi è intenzionato a fare il dj dovrà tenere conto di parecchi fattori, tra cui:

- Le richieste musicali, che possono variare di genere in genere e non combaciare con le proprie.
- Un pubblico irrequieto, invadente e raramente sobrio.
- I continui viaggi, tra aeroporti e location in cui suonare.
- Lo stress, perché si è costantemente sotto pressione con richieste e spostamenti di ogni tipo.
- I cialtroni, perché il finto uomo d'affari si annida ovunque.

- I rapporti sentimentali, perché di costruire qualcosa durante la propria carriera è quasi impossibile.
- Una promozione costante, perché è un attimo finire nel dimenticatoio.

COMUNICAZIONE:
IL LOGO, QUESTIONE DI STILE

Per essere immediatamente riconoscibili e comunicabili i dj devono avere un logo. Sì, è una questione di stile. Un logo di un dj dovrebbe essere: essenziale, memorabile ed efficace sia a colori che in bianco e nero. Non solo, guardandolo dovrebbe dare delle risposte, dovrebbe identificare: lo stile musicale, la personalità.

Uno dei migliori modi per trovare ispirazione e scoprire quali elementi sono importanti in un logo è quello di analizzare alcuni dei disegni di artisti che hanno una forte identità visiva. Prendiamo ad esempio il logo di Tiësto, che è simmetrico, pronto a sfruttare lo spazio a disposizione, quasi fa trasparire la sagoma di un volatile stilizzato. Prendiamo invece Qbert, il suo logo così ispirato dai graffiti, quasi da una firma, un tag, un autografo, come se il dj di origini filippine, ma ormai adottato da Los Angeles, volesse fare da garante all'evento. A-Trak invece è un buon esempio di modernità, tecnologia, quasi fosse un marchio automobilistico retrò. La disamina di brand popolari è una delle migliori pratiche che si possa intraprendere per una preventiva preparazione di un logo. La progettazione non è un gioco da ragazzi: è uno studio infinito. Perché un logo è come una canzone:

forse è pronto a uscire alla scoperta del mondo, a essere pubblicato su volantini e carte intestate, condiviso sul web, e forse è in fase embrionale nascosto dell'hard disk. Quando è pronto? Quando è finito? Quando è perfetto, un logo? Forse subito e forse mai. Un po' di brain storming. Un meeting con il grafico e quei pensieri ad alta voce, per capire che strada intraprendere, che risultato conseguire, che sogno grafico realizzare. Il primo passo, davanti a un caffè, con una pila di fogli e tante penne e matite, è l'ascolto dei propri brani, di quelli preferiti. La connessione uditiva supporta quella visiva. Sempre. In questa fase la fantasia deve galoppare e InDesign e Photoshop servono poco. Meglio un tablet con una app che supporta la mano libera.

Con Craigslist si può anche barattare un lavoro, visto che siamo in tempi duri a livello di gestione di budget e, a meno che si scambi un dj set per un logo. Invece, 99 Designs è un servizio inglese relativamente nuovo che consente di organizzare dei contest e solo il vincitore sarà retribuito. Poi ci sono 12inchskinz e Styleflip che rispettivamente hanno fatto dei piccoli capolavori per Kentaro, Mixmaster Mike, Shortee e Faust, e poi Dubfire, RJD2, Digweed, DJ Dan e Josh Wink.

Per il resto, e restando in Italia, basta interpellare qualche dj o pierre, per scoprire che il settore dell'intrattenimento pullula di genietti della grafica o agenzie di creatività e personal branding come Kattelan www. kattelan. com co-diretta da Giuseppe D'Alessandro, proprietario di Apparel Music www. apparelmusic. com e project manager di Claudio Coccoluto, www. thedub. com.

LA FAN BASE, NON SOLO MUSICA

Tutti i musicisti hanno diversi tipi di fan che vanno dai nuovi fan a fan occasionali a superfan. Superfan sono le persone che acquisteranno il merchandising e indosseranno ogni capo brandizzato con orgoglio: lo zoccolo duro dei supporter, le fondamenta. Sono quelli che acquisteranno il nuovo singolo e album ufficialmente e lo racconteranno ad amici e non solo: seguono il proprio beniamino sino in capo al mondo. I superfan spesso non sono molti ma sono eccellenti. In generale, il 20 per cento della propria fanbase rappresenta l'80% del reddito dell'artista. Il restante 80% della propria fanbase è costituito da sostenitori occasionali. Bisogna pensare principalmente ai nuovi fan, incuriositi e interessati a della nuova musica. Bisogna pensare a una fanbase in termini di una piramide. I potenziali fan stanno sotto, quelli occasionali in mezzo, come in un crossover, e infine i superfan in alto. Una delle priorità potrebbe essere quella di spostare i fan della piramide. I propri fan sono come un marketing team, diffondono, diramano e seguono la pianificazione attraverso i social media creando involontariamente una campagna di marketing ad hoc. Il tutto è basato sulla fidelizzazione.

FINANZIAMENTO

Come artisti è facile cadere nell'abitudine di accettare budget contenuti. Il primo passo per un budgeting è capire quanti soldi sono stanziati da chi richiede un servizio, come musicista o band o comunque performare. Quanto denaro si può incassare mediamente al mese? Non esiste una norma. Fondamentalmente, bisogna diventare tutti manager di se stessi dandosi una paga, come se ognuno fosse un dipendente. Il denaro avanzato deve essere messo in un conto bancario apposito per eventuali e futuri investimenti. In passato, il denaro era un enorme limite per gli artisti e uno dei principali motivi per cui molti sono stati costretti a legarsi a una casa discografica è stato quello di affidarsi a une gestione in mano a terzi. Oggi, invece, molti artisti stanno trovando la loro via per finanziare la propria impresa grazie al crowdfunding. Spesso, la quantità di denaro che si può raccogliere è dipendente dalle dimensioni della propria fanbase. Tecnicamente, il denaro ricavato dal crowdfunding è considerato reddito.

PROMOZIONE

La miglior regola (forse): Comunicazione a tappeto.

Chi nel nuovo millennio si aspetta ancora che la propria produzione discografica possa da sola fungere da ariete e scardinare ogni portone e trascinare alla fama, forse deve aggiornarsi.

La strada maestra da percorrere è quella che porta alla promozione: ossia alla comunicazione istituzionale e non. Molti hanno creduto per anni alle novelle. Che ogni artista sarebbe salito in cattedra. Che in alto ci sarebbe stato posto per tutti. Che secondo Andy Warhol in futuro tutti sarebbero stati "famosi per 15 minuti". Ma erano tutte balle colossali che, in piena democrazia digitalizzata e di meri sulfbuy, in molti iniziano a non credere più. Dj e produttori aspiranti professionisti ora si affidano a società come Listen Up, IMD, MediaNanny, Hyper Active, Spin-Go, che veicolano informazioni, saltuariamente dal vivo e sempre più attraverso piattaforme utili a monitoraggi e invii di materiale. Sono stati pertanto convocati i guru della nuova promo. In primis Nikki McNeill di Global Publicity, specializzata in PR e comunicazione inerenti a musica, festival ed eventi internazionali. "Abbiamo un database multimediale internazionale senza precedenti e siamo stati i primi nel Regno Unito a offrire una copertura a livello internazionale, così ora abbiamo una rete forte e crescente di contatti in oltre 50 paesi", spiega la McNeill. "Determinante è coprire molteplici canali, come stampa, online, radio, tv e social media, sostenendo tutto con campagne di marketing quando i clienti hanno importanti budget".

Parola d'ordine: condividere. Le società di promozione oggi sono supportate dal lavoro di blogger, tastemaker e adepti di ogni genere. "I dj stessi hanno una fanbase di contatti e fidelizzazioni e ogni mezzo, da Soundcloud a Twitter passando per Facebook e i passaparola, è decisivo. I media chiudono il cerchio", prosegue la McNeill. Qualità, interazione, tempistica, contatti e budget sono tutto in fase di promozionale. "E noi con oltre 26 anni di esperienza sappiamo che bisogna restare aggiornati su tutto". Tim Stark di Stark Profiles che con questo nome dovrebbe coordinare Ironman e che invece bada alla specializzazione tenendo rapporti soprattutto con artisti trance, da Paul van Dyk ai Cosmic Gate passando per tanti altri top. "Integrità e coerenza sono tutto per noi", dice Stark. "Scrivo di trance per DJ Mag UK e altre pubblicazioni di settore da molti anni e da qui arriva la mia esperienza. Mi sono occupato anche di gestione di marchi e distribuzione all'ingrosso di vendite on-line quindi capisco l'esigenza di tanti clienti". Stark Profiles si concentra su stampa, radio, tivù e on-line. Ma una buona canzone può muoversi senza una promozione? "Anni fa sicuramente. Però da un decennio nulla è più garantito. La rivoluzione digitale ha alimentato l'iperproduzione e una sovraesposizione delle produzioni musicali. E ora pubblicità e promozione possono fare la differenza". L'industria ha portato i nomi a consolidarsi grazie a presenza e credibilità. "Questo è il momento più difficile in cui competere ed emergere: si è quasi obbligati a pubblicizzare un brano o se stessi".

Dipende tutto dai budget. "Per la copertura stampa, e per le sue uscite discografiche, l'artista dovrebbe approfittare maggiormente degli eventi di grande portata, come ad esempio i festival: qui le somme spendibili hanno qualche zero in più", sostiene Nicola Freitas di Sliding Doors Publicity. "Rilevante poi è il target di riferimento. Noi poi non facciamo pressione ai nostri interlocutori, come giornalisti influenti o blogger: se l'informazione viene sfalsata sarebbe controproducente per tutti. Cerchiamo inoltre di gestire meno progetti possibili in modo da coordinarli al meglio". C'è una spaccatura in corso: alcuni clienti sembrano preferire l'informazione digitale e non i vecchi media. "Al contrario, c'è chi preferisce essere in tivù o sulle pagine di un giornale. Dobbiamo tuttavia capire quanti contatti generano certe informazioni e il target che si vuole colpire. Senza contare le conferenze stampa durante le quali l'artista stesso, presentando brand o musica o tour, prende contatto diretto con i media. Stare sempre seduti dietro a un computer mandando e-mail a raffica non fa bene e nessuno, in fatto di relazioni".

Dal qui il successo di conference, fiere e live show in giro per il modo: un modo decisivo per consolidare un rapporto. E quando la scena è satura, soprattutto nell'EDM, bisogna fare un lavoro attento di contestualizzazione. "Dal punto di vista economico i tempi sono duri per tutti, anche per artisti, etichette e organizzatori di eventi. Ma il rovescio della medaglia è il costo medio di una campagna: sulle 500 sterline (poco più di 600 euro). Ed è un investimento sensato, che torna col tempo".

C'è chi trova anche le gig. Dancefield è principalmente un'agenzia di booking per artisti di musica elettronica ma tra i suoi servizi spicca un preparato reparto di pubbliche relazioni, media e marketing. "I nostri clienti ci delegano a promuovere i loro brani così ci troviamo a sviluppare progetti anche in modo comune", rivela Thorsten Weber, PR e marketing manager. "Nel nostro open space booker e dirigenti comunicano direttamente senza filtri parlando di prenotazioni, gestioni o pubbliche relazioni.

Questo ci dà la possibilità di realizzare e condividere progetti in modo molto veloce. Realizziamo in-house promozioni radio, promozioni di eventi in concomitanza delle gig dell'artista, iniziative on-line e viral marketing in social media".

Una alternativa a Shazam, utile, legale, funzionale e gratuita è 1001Tracklists (www. 1001tracklists. com). Questo interessante sito presenta le Track list di un gran numero di concerti e djset offrendo la lista completa dei pezzi suonati. Inoltre, in streaming sotto la lista è presente la registrazione completa del dj set attraverso la quale si può rintracciare il pezzo ricercato. Una specie di Google delle tracce di musica elettronica.

I PROMO POOL

Da Fatdrop, a Listen. To. It. a LabelWorx, il viaggio degli mp3

Se si vogliono presentare singole uscite, promo pool come Fatdrop, Listen. To. It. o LabelWorx sono piattaforme perfette e mirate per distinguersi dalla massa. "Per le etichette che si occupano di enormi mailout, certi promo pool sono ovviamente molto utili per diffondere nuova musica tra i giusti professionisti", crede Nicola Freitas. "Molti dei nostri clienti utilizzano queste piattaforme e lo fanno proprio per arrivare ai media in linea con il perfetto trend". "Con questi strumenti oggi tutto è molto veloce e fattibile", dice Thorsten Weber. "Ora è possibile evitare di stampare un sovranumero di cd per la promozione. Un'e-mail verrà eliminata molto velocemente, se conterrà della musica non gradita". Addio al fisico, alla hard-copy, agli atomi. "Effettivamente solo il pensiero di tornare a imbustare 200 cd o peggio ancora 200 vinili e compilare 200 indirizzi mi fa passare la voglia di fare il mio lavoro", sottolinea Andrea Corelli. "È la struttura tecnica che sta dietro a fare la differenza", sbotta Matthias Springer. "Ma certi promo pool dovrebbero anche offrire dei database".

JustGoMusic, la piattaforma sociale per l'elettronica

JustGoMusic. com è una nuova piattaforma che offre dei potenti strumenti social media per dj, produttori e proprietari di etichette discografiche. Mark Knight ha dichiarato: "Aiutare i giovani dj è veramente importante per me e la Toolroom. JustGo Music è una gran piattaforma per gli aspiranti dj e produttori. Ha il mio completo appoggio". Il sito londinese offre un'intera gamma di strumenti salva-tempo e servizi per aiutare gli artisti di musica elettronica e le etichette discografiche ad incrementare il numero dei loro fan.

lino scatenate ogni disco di Guetta, mentre se sentissero anche soltanto dieci secondi della sua musica scapperebbero dalla pista inorridite".

"Rinnegherebbe quanto sostenuto sino a un secondo prima, se soltanto anche per sbaglio Guetta suonasse una sua traccia o un suo remix".

10) "Non ha ancora capito che il suo problema non è Guetta, bensì la persona che vede ogni volta che si specchia: se stesso".

IL BROADCASTING BRAND

Come comunicare nel migliore dei modi un set? Con il concetto innovativo del "dj davanti e dietro… tutti quanti".

Boiler Room è nata nel 2010 da un'idea di Blaise Belleville, Charles Drakeford e Thristian Richards (DJ bPM). I tre volevano mettere in piedi una grande, moderna ed efficace operazione. Tra i finanziatori, diversi main sponsor come Red Bull, Rayban e Google (via Youtube). La visibilità internazionale ha portato la Boiler Room a diventare il primo show musicale dal vivo credibile e adattato ai tempi moderni, quindi in pieno tempo di social. Come in un canale televisivo qualsiasi e tradizionale, presentatore, ospiti, regia e pubblico (qui danzante e sempre in secondo piano) fanno la differenza e valorizzano il protagonista. Che è il dj, impegnato nel suo personale set. Il fatto stesso che una telecamera non sia alle spalle di chi presiede la consolle è di per sé rivoluzionario. I dj si esibiscono a rotazione e vengono selezionati in base all'evento. La vetrina per gli emergenti pertanto è sempre sgombra, per fare posto a nuovi possibili talenti. In realtà questo è a tutti gli effetti un format televisivo fatto e finito e tra l'altro anche semplice, diretto, senza fronzoli e senza interruzioni. Nuovi volti e nuovi suoni così entrano nelle case e sugli smartphone di tutti gli appassionati del genere senza alcun costo. Da una a quattro ore di musica senza un secondo di pausa. È un fenomeno, questo, che ha dato la possibilità a dj famosi e non di farsi conoscere. Bisogna tenere poi conto della location. Le boiler room stimolano il voyeur che è annidato in ognuno di noi. Riprese interne a Londra, Berlino e Los Angeles, esterne a Città del Capo e Lisbona.

Il fan del marchio Boiler Room stanno aumentando in modo esponenziale. Esistevano già degli streaming di dj e musicisti, prima di Boiler Room. Ma il marchio fa la differenza, è il valore aggiunto. E che valore. Tuttavia, il budget destinato agli eventi non permette allo staff Boiler Room di mettere le mani su grandi location. Pensare che le sonorità scelte durante i primi tempi erano prevalentemente techno in Germania, dubstep e UK garage nel Regno Unito. Oggi l'apertura alle sonorità è totale.

Indice

Vuoi scoprire di più?
Vuoi approfondire gli argomenti trattati?

EDM E Dio Mixa, volumi I e II
di Riccardo Sada
Nobook

Appunti

9 788889 859128 2